社長！その税務対策は大丈夫ですか？

節税は当然 行過ぎは危険！
アクセル全開は 知らずスピード違反に

税理士 安藤 孝夫
税理士 野田扇三郎 編著
税理士 山内 利文

清文社

はしがき

　今般、㈱清文社のご協力を得て表題の『社長！ その税務対策は大丈夫ですか？』を出版することとなりました。本書は過去に国税局の調査部に在籍し、大企業の調査を中心に勤務した経験をもつ3名の税理士が法人税関係を主に執筆したものです。

　日ごろ顧問先等からの税務相談の中で解釈が非常に微妙なものや、間違えると課税当局から不正計算あるいは租税回避として追徴課税のリスクある事例を厳選し、「Q&A」として取り上げ、私ども3人の見解をそれぞれ示したものです。

＊　　　　　　＊

　企業の運営は最終的には社長が責任を負うことになっております。また特に近年は「コンプライアンスとガバナンスの適格化」が叫ばれており、判断を誤れば、その信用は失墜してしまいます。一度地に落ちた信用を取り戻すのは容易ならざることです。また、会社の税務判断も同様で、決断に至る過程でグリップが甘いと追徴課税リスクはもちろん、社会的にも排斥される致命傷にもなりかねません。

　本書は国内取引に関するものはもちろん、昨今、税務もグローバル化を避けられない時代になりましたので、富裕層の日本脱出に関する規制や移転価格税制、外国の税制を利用した海外取引等についても盛り込みました。

　事例はもちろん、同族会社の社長さんや大企業の個別事案にピッタリとはいかないとは思いますが、個別案件の判断の指針としてご活用いただければ幸いです。

　最後に今回も本書の刊行にあたり、多大なご助力をいただいた㈱清文社

の編集第三部長東海林良氏、またご助言をいただいた国際租税問題の第一人者であられる大橋時昭、吉川保弘両先生に厚く御礼を申し上げます。

平成27年3月

執筆者を代表して

野田　扇三郎

社長！ その税務対策は大丈夫ですか?

CONTENTS

はしがき

否認リスクに向き合う数々の税務処理

- Q1 **償却資産処理** 任意組合を介した節税スキーム ……… 3
- Q2 **所得調整（国外源泉所得）** シンガポール国外源泉所得の利用 …… 5
- Q3 **所得調整（国外法人）** 社長の息子をシンガポール法人の社長に据えて節税 ……… 9
- Q4 **交際費処理** 交際費…社長の海外旅行費用 ……… 12
- Q5 **外国税額控除** 租税条約限度税率を超過した外国法人税の外国税額控除 ……… 17
- Q6 **費用計上（前払家賃）** 翌年の家賃前払い ……… 20
- Q7 **利益圧縮（保険加入）** 期末に社長を被保険者として年払いの生命保険に加入 ……… 23
- Q8 **収益計上（助成金）** 国等からの助成金の収益計上 ……… 27
- Q9 **退職金処理** 社長退任と退職金 ……… 29
- Q10 **特別償却（経営支援税制）** 経営改善設備の取得と特別償却 ……… 32
- Q11 **給与負担（出向）** 出向社員の給与負担 ……… 34
- Q12 **交際費処理** 社長とその家族の飲食代は交際費か ……… 39
- Q13 **費用計上（日当・宿泊代）** 社長の高額な日当などの取扱い ……… 40

- Q14 **貸倒処理** 貸付金の貸倒処理 ……………………………………… 46
- Q15 **引当計上** 手直し工事の引当計上 ………………………………… 50
- Q16 **特別償却（生産性向上税制）** 生産性向上設備の投資 ……… 53
- Q17 **費用計上（備品購入）** 10万円以下の器具備品の期末調達 ………… 55
- Q18 **評価損計上** 期末棚卸評価減 …………………………………… 57
- Q19 **減価償却（耐用年数）** 中古資産の耐用年数 …………………… 59
- Q20 **損金処理** 居ぬき店舗の造作買取と即改造 …………………… 61
- Q21 **所得調整（分社化）** 中小企業の分社化 ……………………… 63
- Q22 **損金処理（保険加入）** 逓増定期保険の節税策 ……………… 65
- Q23 **費用計上（収益認識）** 売上計上基準として
  完成引渡し基準を採用 …… 69
- Q24 **外国税額控除** 一部の外国法人税の控除 ……………………… 71
- Q25 **所得調整（社会保険料）** 給料と社会保険料 ………………… 76
- Q26 **値増し金処理** 中国子会社に対する値増し金の支払い ……… 78
- Q27 **損金処理（決算賞与）** 決算賞与の未払計上 ………………… 81
- Q28 **評価損計上** 上場有価証券評価損 ……………………………… 85
- Q29 **収益計上（未完成工事）** 請負工事の一部未完成の場合の
  売上処理 …… 87
- Q30 **交際費処理** 社長の結婚披露宴と交際費 ……………………… 89
- Q31 **特別損失計上** 借地権の取得価額 ……………………………… 91
- Q32 **広告宣伝費処理** 開店祝いの花は広告宣伝費か否か ………… 93
- Q33 **損失計上（横領）** 財務部長の横領 …………………………… 95
- Q34 **収益計上（損害保険）** 損害保険金と盗難 …………………… 97

Q35	評価損計上	ゴルフ会員権の評価損計上	99
Q36	一括費用計上	信用保証料の一括費用計上	101
Q37	交際費処理	建物取得価額に含めた交際費	103
Q38	費用計上（修繕費）	部品交換の資本的支出と修繕費	105
Q39	所得調整	期末に消耗品の大量購入	107
Q40	収益未計上	リベートの未計上	109
Q41	未払計上	未払賞与の計上と未払社会保険料の計上	111
Q42	損金計上	債権者集会で切り捨て額以上を全額損金に計上	113
Q43	評価損計上	借地権設定に伴う土地の評価減	115
Q44	未払計上	受け入れている出向者の確定給付企業年金掛金相当額の未払計上	118
Q45	収益計上（配当金）	保険会社からの契約者配当金の収益計上	119
Q46	低額譲渡	役員への土地低額譲渡	122
Q47	未払計上	役員報酬の締め後分の未払計上	124
Q48	低額譲渡	一般社団法人への低額自己株譲渡	126
Q49	交際費処理	建物建築したときの上棟式の費用の処理	128
Q50	寄附金処理	親会社が子会社の業務遂行維持のため貸付金を一部免除した場合、寄附金以外の損金として処理	130
Q51	交際費処理	二次会、三次会の費用	133
Q52	損金処理（福利厚生費）	クルーザーの維持経費と免許取得費	135
Q53	寄附金処理	海外子会社への出向者に対する留守宅手当の具体的金額基準	137
Q54	損金計上	原価割れで従業員に販売した自社製品の処理	139

- Q55 **繰越欠損金** 自社研究施設をＳＰＣに譲渡し
損失を計上するスキーム取引の是非 …………… 141
- Q56 **交際費処理** 交際費等の判断基準 ……………………………… 143
- Q57 **会計基準の変更** 請負工事における工事進行基準の適用 ………… 145
- Q58 **繰延資産処理** 借地の整地費用 …………………………………… 147
- Q59 **期間費用処理** 携帯電話関係機器の引取り費用 ………………… 148
- Q60 **役員給与** 同族会社役員の給与 ……………………………… 150
- Q61 **損金計上（退職金）** 退職金の打切支給 ……………………… 153
- Q62 **利益調整（海外子会社）** 低税率国に子会社を設立して、
利益をプールし親会社に配当する
スキーム ………………………… 160
- Q63 **利益調整（海外子会社）** 低税率国にある海外子会社を使って、
利息等の免除または利率の引下げにより
企業グループ全体の税負担を軽減 …… 163
- Q64 **利益調整（海外子会社）** 海外子会社の特許権等の取得と
ロイヤリティ所得の帰属 ……………… 165
- Q65 **租税回避（海外）** 海外に資産を移転しての課税回避 ………… 167
- Q66 **損金計上（繰越欠損金）** 親会社の繰越欠損金を利用して
税負担を軽減 ……………………… 172
- Q67 **繰延資産償却** フランチャイズ契約の加盟一時金 ……………… 175
- Q68 **費用計上（未払い）** 損害保険料の未払計上 ………………… 177
- Q69 **利益調整（海外子会社）** 海外子会社に可能な限り
機能及びリスクを移転 ……………… 179
- Q70 **損金算入（役員報酬）** 株主総会決議の限度額を
超えない役員報酬 ………………… 183

《関連トピック》

- ◎国税庁「平成25事務年度　法人税等の調査事績①」　　8
- ◎国税庁「平成25事務年度　法人税等の調査事績②」　　11
- ◎国税庁質疑応答事例紹介
  - －創立100周年に当たって元従業員に支給する記念品　　16
  - －賦課金の運用による付随収入の仮受経理　　28
  - －通信販売により生じた売掛債権の貸倒れ　　51
  - －算定方法の内容の開示（利益連動給与）　　83
  - －講師給食費　　90
  - －住民運動による工事遅延期間について生じた費用の原価性　　92
  - －短期の損害保険契約に係る保険料を分割で支払った場合の税務上の取扱い　　98
  - －ゴルフ場について会社更生法の申立てがあった場合のゴルフ会員権に対する貸倒引当金の計上　　116
  - －解約返戻金のない定期保険の取扱い　　120
  - －収用事業の施行に伴い残地上の施設の撤去新設をした場合の取扱い　　129
  - －非常用食料品の取扱い　　140
  - －過大役員給与の判定基準　　152
- ◎通勤手当の非課税限度額の引上げについて　　44
- ◎最高裁判所判決に基づく延滞税計算の概要等　　108

[凡 例]

本文中（　）内表示例：法人税法第22条第3項第1号　　法法22③一

法人税法	法法
法人税法施行令	法令
法人税法施行規則	法規
法人税基本通達	法基通
所得税法	所法
所得税法施行令	所令
所得税基本通達	所基通
租税特別措置法	措法
租税特別措置法施行令	措令
租税特別措置法施行規則	措則
租税特別措置取扱通達	措通

＊本文中は、例えば、法人税法第22条第3項第1号　となっています。
＊参考文献については、裁判所民事判決集　　　　裁判集民事
　　　　　　　　　　　国税不服審判所裁決事例集　裁集　で略示してあります。

否認リスクに向き合う
数々の税務処理

　様々な節税手法が紹介され目を惹きます。納税は義務ではありますが許される範囲で適正に履行すれば十分であり、節税はある意味では合理化でもありますから、経営者にとって節税を指向するのは当然と言えましょう。

　ただ、節税だけに目を奪われると思わぬ落とし穴が待っていることがあります。

　ある節税では単年度でみればそれなりの効果が期待できるものの、連年続けた場合には無駄な法人資金の拠出となり、資金繰りに悪影響を与える結果となることもあります。さらには意図的な操作が疑われると徴税サイドに重大な関心を持たれ、結果として税務調査を自ら呼び寄せる誘因になる恐れもあります。否認対象ともされるとその影響は大きく、会社の信用に傷がつくなど、将来に対する負の遺産を残すことにも繋がりかねません。

　本書は、否認リスクが懸念されるケースについて過去の否認対象事例を参考に70事案を取り上げ、一面効果的な節税策であってもそこに潜む他面の税務処理の問題点を指摘しつつ、その悪影響と適正処理について、Q&Aでわかりやすく解説しています。

《**Information**》

　本書では、各Q&Aの冒頭に、事案の相談者が節税等を目的に行った税務処理について、例えば、**費用計上（前払家賃）**とか、**利益圧縮（保険加入）**という形式で、それぞれのQ&Aを区別表示しています。すなわち、その**Answer**で示された問題点の指摘や適正処理に対する解説は当該区別表示した個々の事案の処理に対する解説等になります。したがって、費用処理あるいは利益調整等といった処理をしたい場合に、税務上の取扱いについて知りたいというときには、この区別表示によりまずは類似ケースを検索されお読み下さい。

　なお、本書の解説等は平成27年1月1日現在の税法等に基づいています。平成27年度税制改正大綱に関しては、個々のQ&Aにつき関連する情報について収録してあります。また、本書中に紹介した国税庁「質疑応答」については、それぞれの質疑応答に付された「注記」を踏まえての紹介であることにご留意下さい。

償却資産処理

Q1 任意組合を介した節税スキーム

> 当社は自動車部品を製造するメーカーです。このたび、ある会合で、任意組合が映画を取得したのに伴って当該任意組合に出資をして、その映画フィルムの耐用年数が2年と短い点を利用して減価償却費を計上することで節税ができると聞きました。そこで当社も今期は大幅な利益が見込まれることから、この任意組合に出資しようと考えていますが、大丈夫でしょうか。

A 近年、節税対策として任意組合や匿名組合を利用したスキームものが数多く行われているように聞いていますが、実務上の処理を一歩誤ると節税どころではなくなる危険性があります。

お尋ねのケースでは、貴社が製造メーカーであり、映画の製作、配給等に関与した事実がないことから任意組合に出資したことが、単に節税目的とされ、任意組合を通じて映画を所有し、その使用収益等を行う意思は有していないと認定され、組合が計上する「減価償却資産」を取得したとして「その減価償却費を損金に算入」した費用は当該組合員である当社が当該映画を取得したとは見られないことから、減価償却費の費用計上が否認される可能性が大です。

解説

お尋ねのような任意組合の節税スキームについて、平成18年1月24日の最高裁の判決では、「本件組合は、売買契約により本件映画に関する所有権その他の権利を取得したとしても、本件映画に関する権利のほとんどは、本件売買契約と同じ日付で締結された本件配給契約により」配給会社

に移転しているのであって、「実質的には、本件映画についての使用収益権限及び処分権限を失っているというべきである。」と判示しています。

さらに、「本件映画は、本件組合の事業において収益を生む源泉であるとみることはできず、本件組合の事業の用に供しているものということはできない」として減価償却費の損金算入を認めない判決を下しています。

このように、任意組合が実質的に事業をしていたかどうかが税務上問われますので、貴社のように節税スキームとして任意組合に参加（出資）することはそのスキーム次第では節税にならないこともあります。

なお、上記の判決では組合が借りたとする利息分も否認されていますが、この点についても付記しておきます。

参考法令等
- 平成18年1月24日最高裁判決
- 平成12年1月18日大阪高裁判決
- 平成10年10月16日大阪地裁判決

所得調整（国外源泉所得）

Q2　シンガポール国外源泉所得の利用

　シンガポールでは、同国の国外源泉所得はシンガポールへの送金がされていないものは非課税所得という扱いとなっています。そこで、アメリカで資金調達した借入金をシンガポール法人（100％子会社：アジア圏の卸売業の拠点会社）を経由して日本の親会社である当社が借入れし、利息をシンガポール子会社の香港にある銀行口座に振り込むことにしました。資金は300万米ドルでシンガポール子会社へ支払う金利は4％、シンガポール子会社のアメリカでの調達金利は2％です。シンガポール子会社の香港口座に毎年6万米ドル溜まっていくことになりますが、税務上、問題はありませんか。

A　お尋ねのケースでは、子会社の所在地国の税制に着目、これを利用すれば税負担は軽減されるように思われますが、その子会社の取引相手である親会社の所在地国、すなわち日本の税制において親会社の利息の支払い、子会社の利益が特別な扱いを受ける税制がありますので注意を要します。

　上記ケースの取引が適用対象となる可能性のある税制としては、移転価格税制、タックスヘイブン（外国子会社合算）税制、過大支払利子税制があります。

　なお、シンガポール子会社の介在に経済的合理性のない場合は不正な取引と認定される可能性もありますので、要注意です。

解　説

　確かにシンガポールの税制では、法人所得税の課税範囲は①国内源泉所

得、②国外源泉所得のうち国内に送金された部分とされており、国外源泉所得のうちシンガポール国内に送金されなかった部分は課税対象となっていませんので（税務大学校「税大ジャーナル」第18号190ページ）、シンガポール子会社が同社の香港銀行口座で資金・利息の受払いを行えば、シンガポール子会社が受け取る利息に税負担は生じないように思われます。

しかし、その利息を支払う親会社の所在地である日本の税制をみると、海外の100％子会社との取引である場合は、①移転価格税制、②タックスヘイブン（外国子会社合算）税制、③過大支払利子税制の適用対象となる可能性がありますので注意を要します。

移転価格税制では、50％以上の支配関係がある場合などを特殊な関係とし、特殊な関係のある外国法人との間で行われた取引については独立企業間価格で行われたものとみなして課税所得が計算されます（措法66の4《国外関連者との取引に係る課税の特例》）。したがって、お尋ねのケースではシンガポール子会社へ支払う利息が独立した第三者へ支払う利息と比較して過大である場合は本税制の対象となるでしょう。

次に、タックスヘイブン（外国子会社合算）税制では、日本の親会社が外国子会社に対して直接・間接に50％超の支配関係を有する場合で、その外国子会社の所在地国の税負担割合が20％以下である場合に、親会社の課税所得の計算上、その外国子会社の利益の一部を親会社の所得に合算して課税されます（措法66の6《内国法人に係る特定外国子会社等の課税対象金額等の益金算入》）。所在地国において実際に事業を行っているなどの一定の基準（事業基準、実体基準、管理支配基準、非関連者基準及び所在地国基準）をすべて満たす場合は、本税制は適用されませんが、シンガポールにおける法人所得税率は17％であり（税務大学校「税大ジャーナル」第18号190ページ）、お尋ねのケースではシンガポール子会社の税負担割合は20％以下となる可能性が高いので、本税制の適用関係に留意する必要があ

ります。

　3番目に、過大支払利子税制では、50％以上の支配関係などがある関連者等に対する純支払利子等の額が調整所得金額の50％相当額を超える場合は、その超える部分の金額を損金の額に算入しないこととされます（措法66の5の2《関連者等に係る支払利子等の損金不算入》）。この税制は、平成25年4月1日以後開始事業年度から適用され、関連者純支払利子等の額が1,000万円以下であるときなどは適用除外となりますが、お尋ねのケースでは親会社の年支払利子額が12万米ドル、邦貨換算で1,000万円超となると見込まれますので適用関係に留意する必要があります。

　各税制間の適用関係については調整規定がありますが、移転価格税制と過大支払利子税制との適用関係については調整規定がありません。この点、移転価格税制においてはみなし規定で独立企業間価格（第三者取引における利率）を超える部分を課税の対象として独立企業間価格（第三者取引における利率）で取引したとみなされますが、過大支払利子税制は支払利子総額に注目して規制（課税）する税制であるため、独立企業間価格（第三者取引における利率）による支払利子であってもその額によっては適用対象となる可能性があり、率と額によっては両方の税制が同時に適用される可能性があるといえます。

　なお、アメリカでの資金調達交渉をはじめ一連の取引すべてを親会社が実行し、シンガポール子会社は親会社の指示で借入金、貸付金の計上、香港銀行口座の開設を行うなど、本資金取引へのシンガポール子会社の介在が形式（名目）的なものと認められる場合は、事実の仮装隠ぺいと認定され、香港銀行に滞留した預金を親会社の簿外資産あるいはシンガポール子会社への寄附金として悪質な利益隠し、すなわち重加算税の課税対象となる可能性が大きいでしょう。言い換えれば、シンガポール子会社の介在が経済的合理性のある取引でなければ、不正な取引と認定される可能性が大

きく、経済的合理性のある取引であっても上記税制の適用関係に留意する必要があるといえます。

参考法令等

● 措法第66条の4（国外関連者との取引に係る課税の特例）、第66条の5の2（関連者等に係る支払利子等の損金不算入）、第66条の6（内国法人に係る特定外国子会社等の課税対象金額等の益金算入）

関連トピック●国税庁「平成25事務年度 法人税等の調査事績①」

　国税庁が平成26年11月にまとめた「平成25事務年度 法人税等の調査事績」によると、法人税の調査事績について、大口・悪質な不正計算が想定される法人などに対して行った実地調査では、対象法人9万1,000件（前年対比97.2％）のうち、法人税の非違があった法人数は6万6,000件（同96.8％）でした。

　また、当該法人の申告漏れ所得金額は7,515億円（同75.2％）で、追徴税額は1,591億円（同75.8％）となっています。

　詳細は下表のとおりです。

[法人税の実地調査の状況]

項目	事務年度等		24	25	前年対比
実 地 調 査 件 数	千	件	93	91	97.2
非 違 が あ っ た 件 数	千	件	68	66	96.8
うち不正計算があった件数	千	件	17	17	98.4
申 告 漏 れ 所 得 金 額	億	円	9,992	7,515	75.2
う ち 不 正 所 得 金 額	億	円	2,758	2,184	79.2
調 査 に よ る 追 徴 税 額	億	円	2,098	1,591	75.8
調査1件当たりの申告漏れ所得金額	千	円	10,712	8,286	77.4
不正1件当たりの不正所得金額	千	円	16,125	12,978	80.5
調査1件当たりの追徴税額	千	円	2,249	1,754	78.0

所得調整（国外法人）

Q3 社長の息子をシンガポール法人の社長に据えて節税

> シンガポールに社長が出資して現地法人（A社）を立ち上げ、日本法人である当社（100％社長出資の同族会社B社）の香港への輸出をA社経由で行うこととしました。A社はペーパー会社（Exempt Private Company）ではありますが、インボイスなどのやり取りはきちんと行い、利ざやを取って商社的な役割を担当させました。実際の業務は当社のシンガポール駐在員に担当させているのですが、A社はシンガポールでの申告に際して、A社の社長には息子であるアメリカの大学院で勉強している長男を就任させ、役員報酬とA社から当社が受け取る業務委託料の支払いでほぼ法人所得が0になるようにしています。税務上大丈夫でしょうか。

A A社に対する商社的行為としての利ざや部分は、A社に対する寄附金とみなされて日本法人である貴社に課税されます。A社の実態を伴わない行為に対して与えた利ざやは贈与に当たります。また、A社が業務を行っていたように仮装していたとして仮装行為の認定を受け重加算税の対象とされます。

また、与えた利ざやは金銭の贈与として法人税法第37条第7項に該当して寄附金に該当します。また、当社の国外関連者であるA社への寄附金は措法第66条の4第3項の寄附金に該当し、全額損金不算入になります。

解説

実態を伴わない商社的行為は、税務上対価性が認められません。法人税法第22条第4項では、損金の額は一般に公正妥当と認められる会計処理

の基準に従って計算されることとされており、実態の伴わない取引をすれば、税務上は損金に認められません。

　すなわち、書類上のやり取りがきちんとされていても、取引の注文や納品、代金の回収や取引先との交渉などをペーパー会社が行っていないことから、税務上は否認されることになります。否認にあたっては、租税特別措置法第66条の4の規定によりA社はB社の国外関連者として認定され、認定された寄附金は全額損金になりません。

参考法令等
● 法法第37条（寄附金の損金不算入）第7項
● 措法第66条の4第3項

関連トピック●国税庁「平成25事務年度 法人税等の調査事績②」

　国税庁がまとめた「平成25事務年度 法人税等の調査事績」によると、近年の企業等の事業、投資活動のグローバル化に伴い、その取引の複雑化を利用した売上除外など不正計算を行う事例が見受けられることから、このような海外取引法人等に対しては、租税条約に基づく情報交換制度を積極的に活用するなどして、深度ある調査を行うこととしています。

　平成25事務年度調査においては、海外取引法人等に対する調査を約1万2,000件（前年対比98.2％）行い、このうち海外取引等に係る非違事例は約3,000件（同102.1％）となり、その申告漏れ所得金額は1,783億円（同72.7％）となっています。

　具体的には、下表のとおりです。

[海外取引法人等に対する法人税の実地調査の状況]

項目	事務年度等	21	22	23	24	25	前年対比
実地調査件数	件	13,145	13,804	15,247	12,506	12,277	98.2
海外取引等に係る非違があった件数	件	3,256	3,578	3,666	3,309	3,379	102.1
うち不正計算があった件数	件	573	622	606	470	416	88.5
海外取引等に係る申告漏れ所得金額	億円	8,014	2,423	2,878	2,452	1,783	72.7
うち不正所得金額	億円	270	286	188	169	121	71.7
調査1件当たりの海外取引等に係る申告漏れ所得金額	千円	60,965	17,551	18,874	19,609	14,526	74.1

交際費処理

Q4 交際費…社長の海外旅行費用

　当社は社長が100％出資をしている同族会社ですが、今期は業績が良かったので、社長夫妻（夫人は主婦）は取引先の社長夫妻を誘って、ヨーロッパ旅行を計画しています。旅行費用は一人当たり100万円が見込まれています。社長から交際費処理するよう指示されましたが大丈夫でしょうか。
　なお、当社は資本金3,000万円、年1回3月決算の会社ですから、今期、交際費の損金算入限度額は800万円であり、他の交際費と合わせても全額損金となる見込みです。ちなみに、取引先夫妻も交際費処理する予定と聞いていますが…。

A お尋ねのケースでは、交際費としての損金算入は否認され、同時に社長個人に対する臨時の給与と認定されて全額損金不算入となる可能性が大きいと考えられます。

解説

　交際費等とは、交際費、接待費、機密費その他の費用で、法人が、その得意先、仕入先その他事業に関係のある者等に対する接待、供応、慰安、贈答その他これらに類する行為（以下「接待等」という）のために支出する費用をいい（措法61の4④）、その支出の相手方には自社の役員、従業員、株主等も含まれます（措通61の4(1)—22）。
　したがって、お尋ねのケースでは、会社が自社社長を事業関係者として接待等をしたことに当たるかどうかが焦点で、当たれば交際費処理は妥当

といえそうにも思われますが、仮に交際費に当たるとしても交際費も会社にとっては費用ですから、交際費に当たるかどうかの問題以前に、そもそも会社の費用とすることが妥当であるかどうかがまず問題となります。

この点、会社の費用とするためには一般的に会社業務の遂行上必要な費用であることが条件であると考えられます。この考え方は社会通念として一般的に認知されているものであり、殊更根拠を示すまでもないとは思われますが、例えば海外渡航費通達（法基通9―7―6）には「その海外渡航が当該法人の業務の遂行上必要なものであり、かつ、当該渡航のため通常必要と認められる部分の金額に限り、旅費としての法人の経理を認める。」のようにこの考え方が表現されています。

さて、お尋ねのケースに戻って、社長夫妻がヨーロッパ旅行をされるというだけでは会社の業務上必要な旅行であるかどうかは必ずしも明らかではありませんが、「取引先の社長夫妻を誘って」等の文面から察すると個人的な旅行で特に業務上の必要性があって社長夫妻の旅行になったようには窺えません。昭和47年2月3日岡山地裁判決においても「業務の遂行上必要な費用」であることが、会社の損金に該当する条件としており、本件の場合は観光旅行が目的であり、業務遂行のための旅行とは認められません。

会社の業務上の旅行でないとすれば社長夫妻の個人的な旅行ということになりましょう。会社が個人的な費用を負担した場合にはその個人への給与となり、しかもお尋ねのような旅行費用の負担は臨時的な給与の支給となりますから、会社役員への臨時的な給与の支給であって事前に届け出たいわゆる事前確定届出給与ではありませんから、法人税の計算上全額損金不算入となります。

このように法人税の扱いでは全額損金不算入となる可能性が高いわけですが、損金不算入となり、また所得税の扱いでは、このような臨時的な給

与の支給、つまり、賞与の支給に当たる場合は、賞与に係る源泉所得税（及び復興特別源泉所得税）の対象となりますので注意が必要です。

　なお、レクリエーション費用の負担などいわゆる経済的利益に対しては一定の場合は所得税を課税しない取扱いがあります（所基通36─30）。旅行については別途、同通達の運用通達（昭和63年5月25日直法6─9）があり、課税しない目安として4泊5日、50％以上の参加基準が示されていますが、上記所基通36─30で「役員だけを対象として当該行事の費用を負担する場合を除き」とされていますので、お尋ねのケースでは社長夫妻だけの旅行ですから、旅行日程がたとえ基準以下であっても所得税の課税対象となるでしょう。

　また、会社が負担した旅行費用が給与に当たるとの前提であれば、消費税の扱いでは、空港までの国内交通費に係る消費税も含めて会社が負担した旅行費用全額が給与となりますので、消費税相当額が含まれているとしても仕入税額控除の対象とすることはできません。

＊　　　　　　　＊

　ここまでは業務上の必要性がない個人的な旅行との前提で説明しましたが、一般的に取引先を旅行、観劇等に招待することは行われており、この延長線上で重要な取引先の社長夫妻を海外旅行に招待し、その接待役としてのバランス上自社の社長夫妻がその海外旅行に同行したようなケースを想定して、会社業務の遂行上必要な旅行であったとしたらどうでしょう。想定したようなケースでは、会社の業務の遂行上必要な費用となることはもちろん、取引先の接待のための費用ですから社長夫妻の旅行費用も含めて交際費として差し支えないでしょう。とはいっても、旅行期間や金額は自ずと通常の旅行の範囲に限定されると考えられます。

　なお、一般的な海外渡航費の扱いでは、その海外渡航が業務の遂行上必要であったかどうかの判定にあたって、観光目的としたものは原則として

会社業務の遂行上必要な海外渡航には当たらないとされていますが（法基通9—7—7）、これも機械的に判断するのではなく最終的には実質をもって判断されます。したがって取引先を招待する旅行は観光が目的でしょうから、これに同行するような場合の海外渡航は観光ビザで渡航しても業務遂行上必要な海外渡航といえるでしょう。

ところで、交際費等の支出の相手方は、法令上、「その得意先、仕入先その他事業に関係のある者等」とされていて、会社自身の役員や従業員、株主も含まれると解釈されています。お尋ねのケースで、会社が自社の社長夫妻を接待、供応あるいは慰安するという構図は考えられないのでしょうか。少なくとも一般的に取引先を旅行、観劇等に招待することは広く行われており、この場合の取引先を旅行等に招待する費用が交際費に当たることは論を待たないでしょう。もっとも、自社の役員、従業員を旅行等に招待することも広く行われていますが、一般的には福利厚生であり、わざわざ損金算入限度のある交際費処理することは考えられません。

ただし、この取扱いは一部の役員、従業員を対象とした場合は給与と扱われ、福利厚生費でも接待交際費でもなくなります。したがって、お尋ねのケースでは社長夫妻のみの旅行ですから、旅行費用を福利厚生費とする余地はなく、交際費に当たるか、さもなくば給与に当たることになります。

参考法令等

- 措法61条の4（交際費等の損金不算入）
- 措通61の4(1)—22（交際費等の支出の相手方の範囲）
- 所基通36—30（課税しない経済的利益…使用者が負担するレクリエーションの費用）
- 昭和63年5月25日直法6—9（平成5年5月31日課法8—1により改正）

●法基通 9―7―6（海外渡航費）、9―7―7（業務の遂行上必要な海外渡航の判定）
●平成 12 年 10 月 11 日課法 2―15 他「海外渡航費の取扱いについて」
●昭和 47 年 2 月 3 日岡山地裁判決

関連トピック●国税庁質疑応答事例紹介

創立 100 周年に当たって元従業員に支給する記念品

「A 社では、本年 10 月に創立 100 周年を迎えることから、従業員、定年退職者で組織する「A 社〇〇会」の会員及び関連会社等取引先の社員に対して次の記念品を支給することとなりました。

(1) 従業員（約 15,000 人）
　　シャープペンシルと携帯用計算機……………………… 購入価額　3,000 円
(2) 元従業員（約 3,000 人）
　　掛時計……………………………………………………… 購入価額 10,000 円
(3) 関連会社等取引先社員（約 25,000 人）
　　シャープペンシルと携帯用計算機(従業員と同じです。)…… 購入価額　3,000 円
　（注）　記念品には、いずれも創立 100 周年のシンボルマークを入れます。

この場合、元従業員に対する経済的利益については、従業員に対するものと同様に所得税基本通達 36 － 22(1)《課税しない経済的利益…創業記念品等》により課税しないものとして解して差し支えありませんか。

また、元従業員に支給する記念品に係る費用は、その記念品が一律に支給されるものであり、かつ、その価額も少額ですから、租税特別措置法関係通達（法人税編）61 の 4(1)－ 10(1)《福利厚生費と交際費等との区分》に掲げる費用に準じて交際費等に含まれないと解して差し支えありませんか。」との照会に対し、「いずれも照会意見のとおり解して差し支えありません。」。その理由としては、「元従業員にいわば一律に支給される創業記念品については、従業員と同様に取り扱うことが相当と考えられます。」と回答されています。ただし、なお書きとして「なお、関連会社等取引先社員に支給する記念品に係る費用は、交際費等に含まれます」と付記されています。

外国税額控除

Q5 租税条約限度税率を超過した外国法人税の外国税額控除

　外国税額控除を受けるために、納税した関係書類をチェックしたところ、租税条約を適用していないと考えられる高い税率で納付したＤ国の使用料に対するタックスレシートと中国の営業税で税額控除対象にならない税金の納付書がありましたので、どちらも外国税額控除対象から除外し、他の国の外国法人税だけを対象に外国税額控除額の算出計算をしましたが、問題ないでしょうか。

A　外国税額控除を選択した場合、Ｄ国の外国源泉税のうち租税条約の限度税率までの部分は外国税額控除の対象となりますから、計算上控除対象に含めなくても損金不算入となり、限度税率を超える部分はＤ国で還付を受けるまで、あるいは還付されないことが明らかとなるまで仮払金等として資産計上しておくことになります。中国の営業税は外国税額控除の対象となりませんので、控除対象から除外するのが正しく問題はありません。

解　説

　日本は会社の全世界所得を課税対象としていますので、外国で得た所得に対しては外国における課税と日本の課税とのいわゆる国際的二重課税が生じることがあります。この二重課税を排除する手法の一つとして制度化されているのが、外国で納付することとなる外国法人税額をわが国の法人税額から控除する「外国税額控除制度」です。

　この制度の下では、外国で会社の所得を課税標準として課される税、す

なわち外国法人税が税額控除の対象となりますが、税額控除を選択した場合は控除対象外国法人税の額は全額損金に算入されません（法法41、法基通16—3—1）。税額控除を選択しない場合は税務上も損金算入されます。

また、租税条約による限度税率を超えて課された外国法人税のその超える部分については外国税額控除規定の適用はありません（法基通16—3—8）。これは、その外国で租税条約適用に必要な手続きをすれば限度税率を超えて課された外国法人税は還付されると考えられるためです。この場合、還付されるまでは仮払金等として損金経理しないのが一般的でしょう。損金経理した場合には、手続きさえ踏めば還付される税金ですから、還付されないことが明らかとなるまでは税務上損金算入は認められないでしょう。

このように、租税条約の限度税率を超えて課された部分は控除対象外国法人税の額から除くことになりますが、限度税率までの部分は控除対象外国法人税となります。お尋ねのケースでは、D国源泉税については税額控除を選択せず税務上も損金算入したように見受けられます。この場合、他の控除対象外国法人税について外国税額控除を選択した以上、控除対象外国法人税額の一部のみを損金算入することはできませんので、限度税率までの外国法人税も損金不算入とする必要があります。

また、条約の限度税率を超える部分は還付を受けるまで、あるいは、還付を受けられないことが明らかとなるまでは、仮払金等として資産計上しておく必要があるでしょう。

なお、お尋ねのケースとは状況が異なりますが、租税条約の適用対象かどうか適用そのものが不明の場合は、適用されると仮定した場合には限度税率を超える部分も含めて外国税額控除の対象としておき、後日、租税条約が適用され還付を受けた時点で、外国法人税額が減額された場合の調整を行うことも認められると思われます。

また中国の営業税は、いわゆる流通税であり、会社の所得を課税標準として課される税には当たりませんので、外国税額控除の対象とはなりません。したがって、外国税額控除の対象から除外することはむしろ当然であり、税務上の問題はありません。

参考法令等
- 法法第41条（法人税額から控除する外国税額の損金不算入）、第69条（外国税額の控除）
- 法基通16—3—1（外国法人税の一部につき控除申告をした場合の取扱い）、16—3—8（租税条約による限度税率超過税額）

費用計上（前払家賃）

Q6 翌年の家賃前払い

家賃契約更新の時期であったことから、利益圧縮を図る目的で、期末直前に大家さんと交渉、翌年1年分の家賃1,200万円を一括で支払う契約を締結して即日支払い、費用計上しました。大丈夫でしょうか。

A 翌年分の家賃を期末に一括払いしていますので、短期前払費用には該当しません。よって、期中に費用計上した1,200万円は費用計上を否認されます。

解説

費用計上が認められる短期の前払費用は法人税基本通達2―2―14に「その支払った日から1年以内に提供を受ける役務に係るもの」に限定されています。お尋ねのケースでは、役務提供の開始は1年以内ですが、終期は支払った日から1年を超えていますから費用計上は認められません。

費用計上が認められるには、

① 一定の契約に従って継続的にその期間中に等質、等量のサービス提供を受けるもの。
② 役務提供の対価であるもの。
③ 翌期以降に時の経過に応じて費用化されるもの。
④ 現実にその対価を支払っているもの（手形支払いも含む）。
⑤ 支払日から1年以内に提供を受ける役務に係るもの。
⑥ 支払った金額に相当する金額を継続してその支払った日の属する事

業年度の損金の額に算入しているもの。

以上の要件を充足する前払費用である必要があります。

企業会計上、前払費用については企業会計原則注解5「経過勘定項目」(1)に次のように記載されており、税務上の原則も同様であると考えられています。

「前払費用は、一定の契約に従い、継続して役務の提供を受ける場合、いまだ提供されていない役務に対して支払われた対価をいう。従って、このような役務に対する対価は、時間の経過とともに次期以降の費用となるものであるから、これを当期の損益計算から除去するとともに貸借対照表の資産の部に計上しなければならない。また、前払費用は、かかる役務提供契約以外の契約等による前払金とは区別しなければならない。」

一方で、重要性の原則については、

[注1] 重要性の原則の適用について

- 企業会計は、定められた会計処理の方法に従って正確な計算を行うべきものであるが、企業会計が目的とするところは、企業の財務内容を明らかにし、企業の状況に関する利害関係者の判断を誤らせないようにすることにあるから、重要性の乏しいものについては、本来の厳密な会計処理によらないで他の簡便な方法によることも正規の簿記の原則に従った処理として認められる。
- 重要性の原則は、財務諸表の表示に関しても適用される。

　重要性の原則の適用例としては、次のようなものがある。
- 消耗品、消耗工具器具備品その他の貯蔵品等のうち、重要性の乏しいものについては、その買入時又は払出時に費用として処理する方法を採用することができる。
- 前払費用、未収収益、未払費用及び前受収益のうち、重要性の乏しいものについては、経過勘定項目として処理しないことができる。
- 引当金のうち、重要性の乏しいものについては、これを計上しないことができる。
- たな卸資産の取得原価に含められる引取費用、関税、買入事務費、移管費、保管費等の付随費用のうち、重要性の乏しいものについては、取得原価に算入しないことができる。
- 分割返済の定めのある長期の債権又は債務のうち、期限が1年以内に到来するもので重要性の乏しいものについては、固定資産又は固定負債として表示することができる。

このような企業会計の原則を取り入れて法人税基本通達2—2—14が制定された背景から、すべての短期前払費用が損金計上できるものとはいいきれません。

　ご質問では翌年分の家賃を一括して支払っていますので、当然に損金計上を認められないと回答していますが、仮に期中から1年分の家賃を前払いして計上しても利益圧縮を図るためであれば同様の回答となります。

　ちなみに、平成18年11月24日の最高裁の判決では、形の上では本通達の短期前払費用に該当しても専ら租税回避目的で自らの利益圧縮のために一括年払いとしたものと認められるときは「課税上弊害が生じるものと認められるので、本件各費用は重要性の乏しいものとはいえないから、これに本件通達後段を適用して損金に算入することはできない」とした地裁の判断が維持されています。

　すなわち、この通達の取扱いを悪用して、利益の繰延べ等を図るために期末に一括で支払う行為も当然に認められません。

参考法令等
- 法法第22条第4項
- 法基通2—2—14（短期の前払費用）
- 平成17年1月13日東京地裁判決
- 平成17年9月21日東京高裁判決
- 平成18年11月24日最高裁上告棄却

利益圧縮(保険加入)

Q7 期末に社長を被保険者として年払いの生命保険に加入

期末直前に利益が出たことを確認したので、年払い保険への加入を検討しています。死亡保険金受取人を社長の遺族、満期保険金受取人を会社にすると支払保険料の半分が損金処理できると聞きましたので加入しようと考えています。税務的に大丈夫でしょうか。

A 保険加入自体は税務的に全く問題ありませんが、保険対象者の選定などで特定の役員、社員のみを被保険者としている場合は、支払った保険料は契約形態により全額あるいは2分の1が被保険者への給与（賞与）とみなされることがあります。

本ケースの場合、期末直前に社長のみを被保険者とし、保険金受取人を被保険者の遺族として保険加入していますので、一部の者を対象とした保険でなければ損金とされる支払保険料の2分の1は社長に対する給与（賞与）と認定され、年払いですから定期同額給与（及び事前確定届出給与、利益連動給与）に当たりませんので、法人税法上は損金を否認されると思われます。

解説

法人税法上、生命保険契約の保険料の取扱いについては法人税法そのものには直接的な規定はなく、法人税基本通達や個別通達にその取扱いが示されていますが（後記**参考法令等**参照）、保険商品は多岐に渡りまた頻繁に新しい商品も投入されることから取扱いは複雑なものとなっています。

お尋ねのケースは保険種類が必ずしも明らかではありませんが、満期保

険金があることから養老保険と思われます。この場合、死亡保険金受取人が被保険者の遺族、満期保険金の受取人が会社であれば、2分の1は資産計上、残り2分の1は損金算入となります。ただし、特定の役員または社員のみを被保険者とした場合は支払った当該保険料は給与（賞与）として扱われますので（法基通9―3―4(3)）、本ケースのように役員である社長のみが被保険者となっている場合は役員給与に関する取扱いの対象となり、一時の支払いである年払い保険料は定期同額給与に当たりませんし、所定の手続きを踏んでいませんので事前確定届出給与、利益連動給与にも当たらず損金不算入となります（法法34①）。

　なお、今期利益が出たことを契機に保険加入を意図した経緯から察すると多分に利益圧縮の目的で加入を検討したのではないかと思われますが、本来、保険は将来の一時的多額の出費、不測の事態や損害に備えるために加入するもので利益を減らすために加入するものではありません。一般的には、例えば、将来の退職に備えて積み立てるとか、被保険者の万が一の時の遺族への生活保障などが加入の大きな要素になっていると思われます。

　とはいえ、例えば、役員社員の中で一定の基準で決められた者が逓増定期保険に加入したとして、支払保険料の半額を損金計上できる保険契約もあり、保険契約によっては利益を圧縮することができることもまた確かですから、節税目的から加入することも理解できます。しかし、ここで注意を要するのは保険契約を締結した以上、契約期間中は毎期保険料を納めることになることです。保険料は法人の利益の有無に関係なく発生しますので、期によっては支払いが苦しくなることも考えられます。そのときはそのときで解約も選択肢となりますが、解約時期によっては当初期待した返戻金が得られないこともあるでしょう。こうしてみると、衝動的に加入しては後の年度で経営の足を引っ張られることになりかねません。

またこのような節税を別の角度から見てみると、例えばある保険商品の例で、40歳の社長が死亡保険金5,000万円の保障、年掛金260万円、保険期間30年の逓増定期保険に加入したとして、第1年度は130万円が損金に計上できますから実効税率を概算40％として52万円が節税でき、第2年度も260万円の保険料で130万円が損金に計上できますから税率に変動がなければやはり52万円節税ができます。ここで、第3年度目に資金がショートして解約すると解約返戻金として約290万円返りますが（益金算入）、2年分の積立金260万円を差し引いた（取り崩して損金算入）課税対象利益30万円に対して実効税率40％の税率で12万円の税金がかかります。
　この例で資金の収支をみると、2年で92万円（節税52万円×2年－税金納付12万円）節約したことになりますが、支払保険料コストは支払済保険料520万円から返戻された保険料290万円を差し引いた230万円となりますので、資金の収支として考えると230万円－92万円＝138万円の持ち出しとなって節約効果はよくありません。
　この例は、単にこのようなことも起こり得るというだけであってすべてではありませんし、もちろん、被保険者である社長に万一の時は保険金が5,000万円降りますので保険本来の機能は十分に享受したことになり、持出し分は2年間の保障の対価として評価することになるのでしょうが、いずれにしても収支的には支払超過であり会社財産が流出したことも事実です。
　以上をまとめると、生命保険の加入は将来の資金計画なども総合的に検討した上で判断し、当期の利益を圧縮することのみを目的に、短期的視野で加入することは慎重にすべきでしょう。

> 参考法令等

●法基通9—3—4（養老保険に係る保険料）、9—3—5（定期保険に係る保険料）、9—3—6（定期付養老保険に係る保険料）、9—3—6の2（傷害特約等に係る保険料）

〈個別通達〉

・「法人が支払う長期平準定期保険等の保険料の取扱いについて」（昭和62年6月16日直法2—2（例規）、平成8年7月4日改正、平成20年2月28日改正）

・「法人が契約する個人年金保険に係る法人税の取扱いについて」（平成2年5月30日直審4—19（例規））

・「法人契約の『がん保険（終身保障タイプ）・医療保険（終身保障タイプ）』の保険料の取扱いについて」（平成13年8月10日課審4—100、平成24年4月27日改正課法2—3他）

・「法人が支払う『がん保険』（終身保障タイプ）の保険料の取扱いについて」（平成24年4月27日課法2—5他）

収益計上(助成金)

Q8 国等からの助成金の収益計上

当社は消費税の増税の際の駆け込み需要が終わって受注が急減したので、一部社員を自宅待機させていましたが、社員の自宅待機中の教育のために雇用助成金を申請し、厚生労働省から助成金が受けられることになりました。

教育期間中の賃金は支払うのですが、助成金は申請してから受給まで2月以上待たねばなりません。そのため期末2か月分の賃金に対する助成金が、たまたま結果的に今期末までに給付されませんでした。期中は助成金が振り込まれた際に雑収入で計上していましたが、今回もそのようにしたいと考えています。

大丈夫でしょうか。

　助成金の申請対象となる賃金等から助成金を見積もって、収益に計上する必要があります。

解説

法人税基本通達2—1—42において、

「法人の支出する休業手当、賃金、職業訓練費等の経費を補塡するために雇用保険法、雇用対策法、障害者の雇用の促進等に関する法律等の法令の規定等に基づき交付を受ける給付金等については、その給付の原因となった休業、就業、職業訓練等の事実があった日の属する事業年度終了の日においてその交付を受けるべき金額が具体的に確定していない場合であっても、その金額を見積もり、当該事業年度の益金の額に算入

するものとする。
　（注）　法人が定年の延長、高齢者及び身体障害者の雇用等の雇用の改善を図ったこと等によりこれらの法令の規定等に基づき交付を受ける奨励金等の額については、その支給決定があった日の属する事業年度の益金の額に算入する。」

と規定されており、貴社の助成金も上記通達の本文のとおり、当期中に収益として計上することになります。

　この取扱いは、例えば雇用調整助成金の場合、助成金が手当や賃金、教育訓練の実施に対する一定率や一定額とされているため、事業主が負担する費用と対応させることが合理的であるためと考えられます。

参考法令等
- 法基通2―1―42（法令に基づき交付を受ける給付金等の帰属の時期）
- 雇用関係助成金に関する法令

関連トピック●国税庁質疑応答事例紹介

賦課金の運用による付随収入の仮受経理

　「法人税基本通達14-2-9《協同組合等の特別の賦課金》の適用に当たり、賦課金として収入した金銭を預金とし、その利息収入を含めて計算した剰余金の額を仮受経理していますが、その利息を当期の益金の額に算入しなくてもよいでしょうか。なお、賦課金により行う教育事業又は指導事業は、賦課金とその運用益により実施することとしています。」との照会に対して、「教育事業又は指導事業に係る賦課金として収入した金銭を預金している場合において、当該賦課金に係る預金が他の事業に係る預金と区分されており、当該賦課金に係る預金の利息が当該賦課金について生じた利息であることが明らかであるときは、その利息は当該賦課金に含めて仮受経理の対象とすることができ」るとしています。

　また「賦課金により行う教育事業又は指導事業は、賦課金とその運用益とにより実施することとしているのですから、これを区分する必要はありません。」との回答が付されています。

退職金処理

Q9 社長退任と退職金

> 空前の利益が出たので25年間勤めた同族会社の代表を辞任して1億円の退職金をもらうことにし、息子に代表の地位を譲ろうと考えています。しかし息子の社長としての力量が不安なため、完全辞任ではなく取締役にとどまり、報酬も約半分にして何時でも再登板できるように考えていますが、この処理に何か問題はありますか。

名目的な退職で、実質的に法人の経営上主要な地位を占めていると認められる場合は、退職金を否認され代表者に対する賞与と認定されます。

本件の場合、利益が出た機会に退職しており、息子への引継ぎが十分された上での退職ではないので、代表辞任後も経営に関与するため役員にとどまらざるを得なかったのでしょう。こうした場合、退職後の経営上の地位が厳しく査定されることとなります。

解　説

実質的に法人の経営上主要な地位を占めて経営に従事していれば、退職したことにはなりません。また、その判定にあたっては会社の株主構成も影響しますが、貴社の場合、同族会社で株主は社長一族で構成されているものとしての上記結論であることを理解願います。

さて、退職所得については所得税法第30条に、

「退職所得とは、退職手当、一時恩給その他の退職により一時に受ける給与及びこれらの性質を有する給与（以下この条において「退職手当等」

という。）に係る所得をいう。」

と規定されており、また昭和58年9月9日最高裁判決では、

「(1)　退職すなわち勤務関係の終了という事実によってはじめて給付されること

(2)　従来の継続的な勤務に対する報償ないしその間の労務の対価の一部の後払の性質を有すること

(3)　一時金として支払われること

との要件を備えることが必要であり、また、右規定にいう『これらの性質を有する給与』にあたるというためには、それが、形式的には右の要件すべてを備えていなくても、実質的にみてこれらの要件の要求するところに適合し、課税上、右『退職により一時に受ける給与』と同一に取り扱うことを相当とするものであることを必要とすると解すべきである。」旨判示されています。

そこで、本件を見てみるに、役員に関して実質的な退職とされる場合を定めた、法人税基本通達9―2―32の(3)に規定する「分掌変更後におけるその役員の給与が約半分と激減したことに当たる」と認められるものの、「その分掌変更等の後においてもその法人の経営上主要な地位を占めていると認められる者を除く」とされていることに留意する必要があります。社長一族で株主を構成している事実や空前の利益が出たことで急に代表者が退陣して息子に代表者を譲った経緯から、代表辞任後も経営に関与する必要に迫られて、役員にとどまったと推測されますので、現代表者が辞任して役員としての地位や職務内容が激変したと主張するには困難があると認められます。

平成19年3月13日の最高裁判決では法人税基本通達9―2―32の基準を満たしても、

・退職したとする代表者が取締役としてとどまり

・新代表たる息子が会社の状況を把握できていないと推測される

・主要な取引先に対して交代の事実を知らせていない

・給与の減額が不自然

・満期生命保険金の多額収入がある

等の事実認定から役員退職金の損金算入が認められていません。

　さらに、辞任直後はさして問題なくても時の経過とともに経営が成り立たなくなり、2年から3年後にまた元の代表に就任しなくてはならなくなるケースもあるかも知れません。その場合、極めて厳しい見方を想定すると、すでに支払った退職金が役員賞与と認定されるようなことも考えられ、そうすると当初退職金とした金額は遡って損金不算入となりますから、法人税2,550万円と加算税255万円プラス延滞税が課されるでしょう。さらに、個人的には支給された退職金1億円は退職所得としての有利な課税方法が否定され、給与所得として当該年分の給与収入の金額にこの1億円を加算して算出した給与所得の金額を基礎として所得税が課されますので、当初給与収入1,200万円、所得控除額200万円として給与所得に対する所得税の増加額は概算3,900万円となり、減額される退職所得に対する所得税に比べてかなりの増額となるでしょう（平成26年分適用、復興税を除く。以下同じ）。

参考法令等

●所法第30条（退職金）

●法法第34条（役員給与の損金不算入）

●法令第71条（使用人兼務役員とされない役員）

●法基通9―2―32（役員の分掌変更等の場合の退職給与）

●昭和58年9月9日最高裁判決

●平成19年3月13日最高裁判決

特別償却（経営支援税制）

Q10 経営改善設備の取得と特別償却

当社は資本金5,000万円の自動車部品製造業を営む同族会社ですが、このたび平成25年度に創設された経営改善設備の特別償却を受けようとしています。しかし、この制度は認定経営革新等支援機関による経営改善指導を受けなければならないとされています。当社では生産ラインに投入する予定の機械設備も該当すると認識していますが、この判断で良いでしょうか。

A 残念ながら、製造業の生産ラインに投入する機械設備は経営改善設備に該当する資産にはなりません。貴社は特定中小企業に該当しますので、本業の製造業以外で適用対象事業を行っているのであれば（例えば不動産賃貸業等）、経営改善設備の対象となる器具備品・建物附属設備の取得予定がある場合、当該設備は制度の適用が受けられる可能性がありますので、認定経営革新等支援機関として認定されている税理士等に相談されることを勧めます。なお、中小企業者等が機械等を取得した場合の特別償却（措法42の6）の適用も検討されることを勧めます。

解 説

経営改善設備は、適用対象事業としては、卸売業、小売業、農業、林業、漁業、水産養殖業、情報通信業、一般旅客自動車運送業、道路貨物運送業、倉庫業、港湾運送業、こん包業、損害保険代理業、不動産業、物品賃貸業、専門サービス業、広告業、技術サービス業、宿泊業、料理店業その他の飲食業、洗濯・理容・美容・浴場業、その他の生活関連サービス業、社会保険・社会福祉・介護事業、その他の一定のサービス業が該当し

ます（風俗営業等は一部指定事業から除かれています）ので、製造業は対象となりません。

さらに取得価額要件では、

① 一台または一基の取得価額が30万円以上の器具備品
② 一の取得価額が60万円以上の建物附属設備

に限定されています。

適用対象法人は青色申告法人で、原則資本金が1億円以下の法人です（一部例外はありますが省略）。

また制度の適用を受ける場合、認定経営革新等支援機関として認定されている税理士等の経営に関する指導及び助言を受けた旨を明らかにする書面の写しを申告書に添付することが必要です。

なお、平成27年1月14日発表の閣議決定された平成27年度税制改正大綱によれば当該特別償却または税額控除制度における認定経営支援機関等について見直されることが明記されていますので、今後の成り行きに注意して下さい。

参考法令等

- 措法第42条の12の3（特定中小企業者等が経営改善設備を取得した場合の特別償却又は法人税額の特別控除）、第42条の6（中小企業者等が機械等を取得した場合の特別償却又は法人税額の特別控除）
- 措令第27条の12の3（同上）
- 措則第20条の8（同上）
- 措通42の12の3—3（主たる事業でない場合の適用）

給与負担（出向）

Q11 出向社員の給与負担

　子会社B社の赤字を解消するため、B社への出向社員の給与を親会社である当社が多く負担することにしました。その増加負担は2,000万円ですが留意すべきことはありますか。

A　親会社による子会社への出向者の給与負担については、給与格差の補塡あるいは子会社の再建支援として損金算入（寄附金としない扱い）が認められることもありますが、その要件には厳しいものがありますので注意が必要です。

解説

　出向社員は出向元法人との雇用関係は維持していますが、出向先法人の業務を行っていますので、出向社員の給与は出向先法人が負担するのが原則です。したがって、出向先法人が一部あるいは全部を負担しない場合は、その負担しない金額は原則として負担した出向元法人においては一般寄附金となり、出向先法人では見合いで受贈益の扱いとなります。

　しかし、一定の場合は、寄附金・受贈益とならない取扱いがあり、出向者に対する給与の較差補塡、つまり、出向元法人が出向先法人との給与条件の較差を補塡するため出向者に対して支給した給与の額は出向元法人の損金の額に算入することとされており、その格差補塡の例として次の2つが挙げられています（法基通9—2—47）。

① 出向先法人が経営不振等で出向者に賞与を支給することができないため、出向元法人が当該出向者に対して支給する賞与の額

② 出向先法人が海外にあるため、出向元法人が支給するいわゆる留守宅手当の額

この2つのケースは例であり、給与の格差補塡の扱いを受けることができるのはこれに限られませんが、具体的には個別の事情により判断されることになります。

また、業績不振の子会社の倒産を防止し、再建するための一定の支援も寄附金に該当しないものとされています。これは、法人税基本通達9―4―2《子会社等を再建する場合の無利息貸付け等》に当たる場合ですが、支援の方法は特に限定されていないと考えられますので、合理的な再建計画に基づくものであるなど支援したことに相当な理由があるときは、その支援は寄附金とはなりません。支援の方法としては、無利息貸付け、低利貸付け、債権放棄、経費負担、資金贈与、債務引受けなどがあり、その実態に応じた方法が採用されることとなるものと考えられます（支援の方法に関して、国税庁・質疑応答事例「損失負担（支援）割合の合理性」より）。ただし、支援の方法はともかく、寄附金とされないためにはその損失負担等に経済合理性があることが必要で、この経済合理性を有しているか否かの判断は、次のような点について、総合的に検討することとされていますから（国税庁・質疑応答事例「合理的な整理計画又は再建計画とは」より）安易な支援は寄附金と認定される可能性が高くなります。

① 損失負担等を受ける者は、「子会社等」に該当するか。
② 子会社等は経営危機に陥っているか（倒産の危機にあるか）。
③ 損失負担等を行うことは相当か（支援者にとって相当な理由はあるか）。
④ 損失負担等の額（支援額）は合理的であるか（過剰支援になっていないか）。
⑤ 整理・再建管理はなされているか（その後の子会社等の立ち直り状況

に応じて支援額を見直すこととされているか)。

⑥ 損失負担等をする支援者の範囲は相当であるか(特定の債権者等が意図的に加わっていないなどの恣意性がないか)。

⑦ 損失負担等の額の割合は合理的であるか(特定の債権者だけが不当に負担を重くしまたは免れていないか)。

いずれにしても、これらの要件を充足しているかどうかの判断は極めて困難なところがあり、国税庁においては再建支援等事案の損失負担等の税務上の取扱いについて事前相談に応じていますし、再建支援等事案に特化した質疑応答事例も公表されていますので(国税庁タックスアンサーNo.5280)、慎重に支援計画を進めることが肝要でしょう。また、「出向者の給与に係る出向元法人の負担額が法人税法第37条の寄附金に該当するか否かの判断にあたって、検証の対象となるのは、出向者による労務の提供を受けた出向先法人がその全額を負担すべきであるという原則に反して出向元法人がその一部を負担すること自体の合理性の有無」(平成23・10・27東京高裁判決)に照らして判断することになります。

上記判決では平成23年1月28日東京地裁の判決の「出向者に対する給与は、労務の提供を受ける出向先法人において負担するのが原則であり、出向元法人が出向者に対する給与の全部又は一部を負担している場合には、このような負担をすることについて通常の経済取引として是認できる合理的な理由がなければ、出向元法人が負担した金額は出向先法人に対して経済的利益を供与したものということになり、法人税法第37条の寄附金に該当する」との原審を引用して判決しています。

さて、お尋ねのケースですが、「B社の赤字を解消するため」との表現からB社は経営不振に陥っていると想定しますと、その場合、B社の赤字を解消するための負担であっても、貴社の負担額が経営不振のB社において賞与を支給できないためのものであるときは、上記法人税基本通達

9―2―47により賞与部分は寄附金には当たらないと考えられますし、経営不振でない場合でも貴社・B社間の給与条件の格差を補塡するものであるときは格差の部分は寄附金には当たらないでしょう。お尋ねの内容からはこれらの要件を満たす状況にあるのかどうか必ずしも明らかではありませんが、要件を満たさない場合は当然ですが、本通達の適用はありません。

　次に、お尋ねの給与の（一部）負担が子会社等を再建する場合の無利息貸付け等で、法人税基本通達9―4―2により寄附金に該当しないといえるかどうかですが、給与の（一部）負担も経費負担の一形態ですから「無利息貸付け等」に含まれると考えられますので、前提として支援の経済合理性があるかどうかがポイントとなります。お尋ねの内容からは寄附金に当たらない経済合理性のある再建支援であるかどうかは必ずしも明らかではありませんが、格別計画的な支援とはいえないようにも窺え、この場合には本通達の適用はないことになります。

　以上のとおり、法人税基本通達9―2―47、法人税基本通達9―4―2いずれにも該当しない場合は、お尋ねの貴社における給与負担は一般寄附金に該当し、貴社においては寄附金の損金算入限度額を超える金額は損金不算入とされ、B社においては、税務上は［借方］給与、［貸方］受贈益を同額認識することになります。なお、貴社がB社株式を100％保有する関係など、両社の間に完全支配関係がある場合は、貴社においては寄附金が全額損金不算入となり、B社においては受贈益が益金不算入となります。

＊　　　　　　＊

　寄附金について、国税庁タックスアンサーNo.5280質疑応答事例Q2―1に次のような判例の紹介があります。

① 寄附金とは、名義のいかんや業務の関連性の有無を問わず、法人が贈与または無償で供与した資産または経済的利益、換言すれば、法人

が直接的な対価を伴わないでした支出を広く指称するものと解すべき（昭和57・9・30広島高裁松江支部昭56(行コ)1）。

② 法人が無利息貸付け等により経済的利益の供与をした場合、相手方からこれと対価的意義を有するものと認められる経済的な利益の供与を受けているか、あるいは、その経済的利益を手放すに足る何らかの合理的な経済目的その他の事情が存する場合でない限り、経済的利益相当額は、その法人の収益として認識される（寄附金課税の対象となる）ことになる（昭和53・3・30大阪高裁昭47(行コ)42）。

参考法令等
- 法法第37条（寄附金の損金不算入）
- 法基通9—2—47（出向者に対する給与の較差補塡）、9—4—2（子会社等を再建する場合の無利息貸付け等）
- 平成23年10月27日東京高裁判決
- 平成23年1月28日東京地裁判決

交際費処理

Q12 社長とその家族の飲食代は交際費か

社長とその家族の飲食代を会社の交際費に計上していますが、大丈夫でしょうか。

A 交際費の計上は認められません。たとえ家族が役員であったとしても、社長の個人的な経費を負担したものとして社長の給与として課税されます。定期同額給与、事前確定届出給与及び利益連動給与以外の給与になりますので、当該給与相当額は法人に所得加算されます。

解説

法人の費用は法人税法第22条第4項に規定されているとおり「一般に公正妥当と認められる会計処理の基準に従って計算されるもの」とされており、昭和47年2月3日岡山地裁判決でも「業務の遂行上必要な費用であることが法人の費用とする条件とされていますから、家族の飲食代を法人の費用として計上することは認められていません。類似の判決として見当たりませんが、昭和56年4月15日東京地裁の判決では代表者一人による飲食代金につき、自分自身の慰労のためとの供述でも、同人個人の私的遊興を主としたものと認めるほかなく、福利厚生費でないものはもとより、交際費等でもなく、役員に対する臨時の経済的利益の供与として法人税法第34条の役員賞与に該当すると判示しています。

参考法令等
- 法法第22条第4項
- 法法第34条第1項
- 昭和47年2月3日岡山地裁判決
- 昭和56年4月15日東京地裁判決

費用計上（日当・宿泊代）

Q13 社長の高額な日当などの取扱い

当社は売上10億円、従業員50人、資本金3,000万円の不動産業です。当社では、社長の給料として、毎月100万円を支給しています。また、給与以外に旅費規程を整備し、役員には日当1万円、宿泊代2万円としている規程とは別に、社長については従業員や他の役員と区別し、出張等で出かけたときには日当5万円、宿泊したときは宿泊代5万円を支給することにしています。

普段から、社長の出張回数は多く、このたび毎月の旅費の支給だけで50万円を超えることになりましたが、税務上何か問題はありますか。

A お尋ねのケースでは、日当については他の役員や社員とかけ離れており、また後述するように、他の同業種、同規模法人と比較しても高額になっていますので、他の役員の規程額を超える金額は給与として否認される可能性があります。また、宿泊代については実際に泊まったホテル代との差額も給与と見なされる可能性があります。認定された金額は役員給与の定期同額給与、事前確定届出給与及び利益連動給与にはなりませんので、役員給与の場合、法人税法上も費用を否認されることとなります。

解　説

最近、巷間に旅費規程を使って節税をするということが、よく喧伝されているようですが、税務上では必ずしもそういうことにはなりません。つまり、そうした節税策が税務調査で必ずしも通るとは限らないのです。

例えば、旅行に通常必要とされる費用の支出に充てられると「認められる範囲内のもの」は税務上、費用計上が認められますが、本事例の宿泊代の５万円については、通常の宿泊代、あるいは他の役員の宿泊代よりも異常に高額な印象を与えます。このような場合、実際に支出したホテル代とあまりにも開差があるようであれば、その差額が問題とされる場合があります。また、日当についても、役員規程が社長と他の役員とのバランスを欠いていれば、調査官は同業種、同規模法人の実態を調べて比較し、過大部分が問題となります。

　過去の判決では「当該会社の規模、業態及び業績その他の諸状況からみて当該会社の業務遂行上通常かつ必要なものであると一般に観られる程度のものでなければならない」（昭和32・10・11高松地裁判決三一（行）四）と判示されています。この場合、適正な旅費かどうかは、

① 支給額が、その支給する使用者等の役員及び使用人のすべてを通じて適正なバランスが保たれている基準によって計算されたものであるかどうか。

② 支給額が、その支給する使用者等と同業種、同規模の他の使用者等が一般的に支給している金額に照らして相当と認められるものであるかどうか。

の基準で判断されます。

　残念ながら、過去の裁決事例には見当たりませんが、本ケースの場合は、調査官としては否認のしやすい事例といえるでしょう。

　では、本事例の日当や宿泊代などの世間相場としてはどうなのか、という点が気になるところですが、例えば、産労総合研究所発行「賃金事情」（2013年12月20日号、No.2665）の統計データなどが参考になります。また適正な金額は…、ということになれば、簡単な事例としては国家公務員の旅費規程があげられます。参考までにそのデータを表にすると次ページのようになります。

【国内出張の日当・宿泊料の平均支給額（調査計）】

(単位：円)

区分		社長	専務	常務	取締役	部長クラス	課長クラス	係長クラス	一般社員
[日帰り出張の日当]									
一律支給の場合		4,296	3,604	3,342	3,126	2,439	2,280	2,114	1,999
格差を設けて いる場合	最高	5,208	4,362	4,220	3,995	3,311	3,085	2,802	2,730
	最低	2,845	2,252	2,173	2,093	1,562	1,447	1,339	1,262
[宿泊出張]									
〈日当〉									
一律同額の場合		4,892	4,350	4,003	3,766	2,944	2,766	2,564	2,410
格差を設けて いる場合	最高	5,833	4,744	4,533	4,183	3,404	3,158	2,829	2,736
	最低	5,170	3,106	2,950	2,676	2,048	1,806	1,646	1,552
〈宿泊料〉									
全地域一律の場合		14,847	13,477	13,020	12,584	10,456	10,070	9,623	9,385
地域で格差を設 けている場合	最高地	16,276	14,083	13,685	12,756	10,961	10,508	9,773	9,840
	最低地	13,313	11,356	11,179	10,433	9,066	8,697	8,210	8,070

(出典：産労総合研究所「賃金事情」2013年12月20日号、No.2665)

　以上のように見てくると、お尋ねのケースでは、現状、社長に対する日当５万円は、世間相場、あるいは同業種、同規模他社と比較して常識的に判断しても、税務上「高額な日当」であるとして否認の対象になるものと判断されます。

参考法令等

● 法法第34条第1項、法令第69条（定期同額給与の範囲等）

● 法基通9—2—32、9—2—12（定期同額給与の意義）

● 所基通9—3（国内において支払われたものの意義）

● 昭和32年10月11日高松地裁判決

【国家公務員の日当・宿泊料一覧】

(国内旅行・単位:円)

	区　　分		内国旅行
日当	内閣総理大臣等	内閣総理大臣	3,800
		最高裁判所長官	
		国務大臣等	3,300
		その他の者	3,300
	指定職の者		3,000
	7級以上		2,600
	6級以下3級以上		2,200
	2級以下		1,700

	区　　分		甲地方	乙地方
宿泊料	内閣総理大臣等	内閣総理大臣	19,100	17,200
		最高裁判所長官		
		国務大臣等	16,500	14,900
		その他の者	16,500	14,900
	指定職の者		14,800	13,300
	7級以上		13,100	11,800
	6級以下3級以上		10,900	9,800
	2級以下		8,700	7,800

	内国旅行　甲地方	
地域区分	都府県	都市名
	埼玉県	さいたま市
	千葉県	千葉市
	東京都	特別区
	神奈川県	横浜市
		川崎市
		相模原市
	愛知県	名古屋市
	京都府	京都市
	大阪府	大阪市
		堺市

兵庫県	神戸市
広島県	広島市
福岡県	福岡市
上記以外は乙地方	

(出典：2008年11月（2010年8月改定）各府省等申合せ旅費業務に関する標準マニュアル）

関連トピック●通勤手当の非課税限度額の引上げについて

　国税庁は、平成26年10月17日に所得税法施行令の一部を改正する政令（平成26年政令第338号）が公布されたことに伴い、通勤のため自動車などの交通用具を使用している給与所得者に支給する通勤手当の非課税限度額を引き上げることとしました。

　なお、この改正は、平成26年10月20日に施行され、平成26年4月1日以後に支払われるべき通勤手当（同日前に支払われるべき通勤手当の差額として追加支給するものを除く）について適用されます。

　改正後の1か月当たりの非課税限度額は、次のとおりです。なお、取扱いの詳細は国税庁：https://www.nta.go.jp/gensen/tsukin/pdf/01.pdf を参照して下さい。

[改正後の通勤手当非課税限度額]

区分		課税されない金額	
		改正後 （平成26年4月1日以後適用）	改正前
① 交通機関又は有料道路を利用している人に支給する通勤手当		1か月当たりの合理的な運賃等の額 （最高限度100,000円）	同左
② 自動車や自転車などの交通用具を使用している人に支給する通勤手当	通勤距離が片道55キロメートル以上である場合	31,600円	24,500円

	通勤距離が片道45キロメートル以上55キロメートル未満である場合	28,000円	
	通勤距離が片道35キロメートル以上45キロメートル未満である場合	24,400円	20,900円
	通勤距離が片道25キロメートル以上35キロメートル未満である場合	18,700円	16,100円
	通勤距離が片道15キロメートル以上25キロメートル未満である場合	12,900円	11,300円
	通勤距離が片道10キロメートル以上15キロメートル未満である場合	7,100円	6,500円
	通勤距離が片道2キロメートル以上10キロメートル未満である場合	4,200円	4,100円
	通勤距離が片道2キロメートル未満である場合	（全額課税）	同左
③ 交通機関を利用している人に支給する通勤用定期乗車券		1か月当たりの合理的な運賃等の額（最高限度100,000円）	同左
④ 交通機関又は有料道路を利用するほか、交通用具も使用している人に支給する通勤手当や通勤用定期乗車券		1か月当たりの合理的な運賃等の額と②の金額との合計額（最高限度100,000円）	同左

貸倒処理

Q14 貸付金の貸倒処理

　取引先に支援要請を受けて貸し付けた貸金がもう5年も返済されず、利息も払われていません。取引も2年前から停止していますが、返済の催促をしたところ、払えないとの回答でしたので、貸倒処理したいと考えています。金額は500万円です。弊社は金属加工業で、資本金3,000万円の3月決算法人です。

A　貸付金の返済が滞っており回収が困難な状況は窺えますが、長期にわたる返済不履行や取引の停止、返済の意思がないというだけでは税務上貸倒れとは認められません。貸付金について貸倒処理が認められるためには、取引先の状況を把握し全額回収ができないことを明らかにするか、法的に債権が消滅したとされる事由が必要です。

　債権を放棄（債務免除）すれば法的に債権が消滅しますので、会計上は貸倒処理できますが、税務上寄附金とされる可能性もあり、債権として残したまま対処するのであれば、貸倒引当金の計上で対応するのも選択肢でしょう。

解　説

　法人税法上、貸倒損失の扱いについては貸倒引当金の繰入れ（法法52）のように直接的に取扱いを定めた規定はなく、各事業年度の所得の金額の計算の通則を定めた法人税法第22条第3項、第4項により損金の額に算入されますが、具体的には法人税基本通達にその取扱いが示されています。

貸倒損失に関する通達の規定は以下のとおりです。
・法基通9―6―1（金銭債権の全部又は一部の切捨てをした場合の貸倒れ）
・法基通9―6―2（回収不能の金銭債権の貸倒れ）
・法基通9―6―3（一定期間取引停止後弁済がない場合等の貸倒れ）
　法人税基本通達9―6―1は、更生計画認可の決定や債権放棄（債務免除）などにより法的に債権が消滅した場合の取扱いを示しています。お尋ねのケースでは、このような事由は発生していないのでこの取扱いによることはできないでしょう。
　もっとも、債権放棄は一方的な行為ですから、回収を断念するのであれば決算期末までに実行し、会計上貸倒処理することは可能です。しかし、税務上も損金と認められるのは、取引先の債務超過の状態が相当期間継続し、その金銭債権の弁済を受けることができないと認められる場合の書面による債務免除に限られますから、取引先の状況がこれに当たらない場合は取引先への贈与とされ寄附金認定される可能性が大きくなります。
　この寄附金認定については、債権放棄するとしてそれが法人税基本通達9―4―2の取引先の再建支援に当たる場合は寄附金とされませんが、その支援には**Q11**で触れたように合理的な再建計画に基づくものであるなど相当な理由がなければなりませんから、再建計画もなく単独で債権放棄するような場合には法人税基本通達9―4―2の適用はないでしょう。支援要請を受けて貸し付けたとのことですから、貸し付けた当時から取引先の財政状況は悪化していたと推測されますので、その取引先をめぐる状況をよく把握して対処する必要があります。
　次に、法人税基本通達9―6―2は、法的に債権は消滅していないものの、事実上回収が不能であると認められる場合の取扱いを示したもので、これに当たる場合は事実上の貸倒れがあったものとされ、「債務者の資産状況、支払能力等からみてその全額が回収できないことが明らかになった

場合」に、損金経理、すなわち法人がその確定した決算において費用または損失として経理することによって税務上も損金と認められます。

　お尋ねの内容からは債務者である取引先の状況が上記条件を充足するかどうか明らかではありませんが、いずれにしても、単に元利金の支払いが滞っていることや取引を停止していること、催促しても支払いがないという事情だけでは貸倒処理は認められないと考えられます。したがって、貸倒処理するには、さらにその取引先の状況（営業状況、資産状況、支払能力等）を把握し、全額が回収できないことを明らかにする必要があるでしょう。

　法人税基本通達9—6—3の一定期間取引停止後弁済がない場合等の貸倒れは、その債権が売掛債権の場合の取扱いですから、お尋ねのように取引を2年前から停止しているとしても貸付金の場合は適用されません。

　なお、以上のような貸倒処理が認められる場合に当たらないとしても、貸倒引当金の繰入れは可能でしょう。お尋ねのケースは債権が貸付金ですから一括評価金銭債権に当たり、過去3年間の貸倒損失発生額に基づく実績繰入率によるか（法法52②、法令96⑥）、製造業 $\frac{8}{1000}$ の法定繰入率による（措法57の9、措令33の7）貸倒引当金を計上することができます。

　さらに取引先の状況によっては、一括評価金銭債権に対する貸倒引当金によらず、個別評価金銭債権に対する貸倒引当金の繰入れが可能となる場合も考えられます（法法52、法令96）。お尋ねのケースでは、更生手続開始等の申立てや更生計画認可等の決定はないと思われますので、取引先の債務超過の状態が相当期間継続し、かつ、その営む事業に好転の見通しがないことなどの事由によりその貸付金の一部の金額につきその取立て等の見込みがないと認められるかどうかによります（法令96①二）。この事由が生じているかどうかは、その債務超過に至った事情と事業好転の見通しを見て判定され、「相当期間」とは、「おおむね1年以上」とされています（法基通11—2—6）。

貴社の支援（貸付け）は5年前とのことですから、取引先がその頃から債務超過であったことは想像にかたくなく、現在も債務超過であるとすれば事業好転の見込みもない可能性が大きいでしょう。そうであれば回収の見込みがないと認められる金額を貸倒引当金として計上することが可能ですから、事実関係の把握に努め、現時点では貸倒れとせず個別評価金銭債権に対する貸倒引当金の計上を検討することも選択肢でしょう。

＊　　　　　　　＊

《事実上の貸倒れの要件に関する判例の一例》
・横浜地裁　平成17年5月18日判決（平成11年（行ウ）第59号）（東京高裁控訴棄却（確定）平成17年10月26日判決（平成17年（行コ）第170号））

「金銭債権について、その回収が事実上不能であるとして、税務上これを貸倒損失として損金経理することが認められるためには、債務者の営業状況、資産状況、支払能力等、諸般の事情を総合的に考察して、回収が不能であることが客観的にみて明らかであることを要するものであることはいうまでもない」

参考法令等
- 法法第22条、第52条（貸倒引当金）
- 法令第96条（貸倒引当金勘定の繰入限度額）
- 措法第57条の9（中小企業等の貸倒引当金の特例）
- 措令第33条の7（中小企業の貸倒引当金の特例）
- 法基通9—6—1、9—6—2、9—6—3、11—2—6（相当期間の意義）

引当計上

Q15 手直し工事の引当計上

当社は建設会社ですが、期末に売上に計上した工事は翌期によく手直し工事が発生するため、今後は過去の請負工事の手直し工事の発生率を算出して工事未払金に手直し工事引当をしたいと考えています。前期の発生割合を考慮して計算したところ、今期は約2,000万円算出されましたので計上しましたが、大丈夫でしょうか。

A 手直し工事が発生することが仮にあったとしても、期末の現況において確実性と当該工事の金額の適正な見積りになっていませんので、算出された金額を見積りで計上することは税務調査にて否認されることになります。

解説

期末にて売上原価が確定していない場合は法人税基本通達2—2—1にて期末の「同日の現況によりその金額を適正に見積もるものとする。」と規定していますが、「単なる事後的費用の性格を有するものはこれに含まれないことに留意する。」とも規定しています。平成16年10月29日最高裁の判決では「近い将来に費用を支出することが相当程度の確実性を持って見込まれており、かつ、事業年度終了の日の現況によりその金額を適正に見積もることが可能であったこと」との要件をつけています。

とすれば、ご質問のように過去の工事の発生率から算出したのであれば、「相当程度の確実性」かつ「適正な見積り」というには客観性に欠けており、この要件にはあてはまりません。

参考法令等

●法法第 22 条
●法基通 2—2—1（売上原価等が確定していない場合の見積り）
●平成 16 年 10 月 29 日最高裁判決

> **関連トピック●国税庁質疑応答事例紹介**
>
> **通信販売により生じた売掛債権の貸倒れ**
>
> 「A 社は、一般消費者を対象に衣料品の通信販売を行っており、決済方法として、代金引換え、クレジットカード払い、商品引渡し後の銀行振込み（後払い）の 3 つを用意しています。このうち後払いの方法による場合において、期日までに振込みがないときには、その支払期日から 30 日後、60 日後、90 日後にそれぞれ電話等での督促を行うほか、必要な回収努力を行っていますが、売上金額の 1 ％程度が回収できない状況となっています。また、A 社では、一度でも注文があった顧客については、継続・反復して販売することを期待して、その顧客情報をデータで管理していますが、その取引の状況を見てみると、同一の顧客に対して継続して販売している場合もありますが、1 回限りの場合も多くあります。この場合、A 社は、結果的に一回限りの販売しかしていない顧客を、法人税基本通達 9-6-3(1)《一定期間取引停止後弁済がない場合等の貸倒れ》の（注）における『継続的な取引を行っていた債務者』とみて、当該顧客に対する売掛債権について、貸倒れとして損金の額に算入することができますか。」との照会に対して、「当該顧客に対する売掛債権については、貸倒れとして損金の額に算入することができ」、その理由として、
>
> ① 商品の販売、役務の提供等の営業活動によって発生した売掛金、未収請負金その他これらに準ずる債権（売掛債権）については、他の一般の貸付金その他の金銭消費貸借契約に基づく債権とは異なり、履行が遅滞したからといって直ちに債権確保のための手続をとることが事実上困難である等の事情から、取引を停止した後 1 年以上を経過した場合には、法人が売掛債権について備忘価額を付し、その残額を貸倒れとして損金経理をしたときは、これを認める（法人税基本通達 9-6-3(1)）。
>
> なお、この場合の「取引の停止」とは、継続的な取引を行っていた債務者につきその資産状況、支払能力等が悪化したためその後の取引を停止するに至った場合をいうから、例えば、不動産取引のように同一人に対し通常継続して行うことのない取引を行った債務者に対して有する当該取引に係る売掛債権が

１年以上回収できないにしても、この取扱いの適用はない（法人税基本通達9-6-3(注)）。
②　Ａ社の衣料品の通信販売は、一般消費者を対象に行われるもので、同一の顧客に対して継続して販売している場合もあるものの、１回限りの場合も多いとのことであるので、通常継続して行われることのない取引であり、上記①の取扱いの適用はないものとも考えられるが、衣料品の通信販売を営むＡ社のように、一度でも注文があった顧客について、継続・反復して販売することを期待してその顧客情報を管理している場合には、結果として実際の取引が１回限りであったとしても、Ａ社の顧客を「継続的な取引を行っていた債務者」として、その１回の取引が行われた日から１年以上経過したときに上記①の取扱いを適用することができるとの回答が付されています。

特別償却(生産性向上税制)

Q16 生産性向上設備の投資

　当社は資本金3,000万円の同族会社で、卸売業を営んでいる青色申告法人です。今般アベノミクスと消費税増税の駆け込み需要のおかげで利益が予想外に出ましたので、かねてからの念願であった埼玉倉庫の建て替えを考えています。
　現在の倉庫は老朽化してIT化にも対応しておらず毎年の修繕費も多額に出費しています。
　そこで、平成26年度の税制改正で新設された生産性向上設備の特別償却を受けられるよう投資計画を考えていますが、投資して特別償却を受けても大丈夫でしょうか。

A 策定した倉庫の建て替え投資計画ですが、取得前に、経産省強化法規則第5条第2号に規定する「生産ラインやオペレーションの改善に資する設備」に該当するものであるとの確認書の交付を経済産業大臣から受ける必要があります。貴社の場合、老朽化した倉庫の建て替えですので該当する可能性が高いと思われます。投資計画が計画された時点で、関与税理士等に事前確認を依頼し該当すると見込まれる場合は当該税理士等に事前確認書を作成してもらい、同書を添付して経済産業局に確認申請書を提出する必要があります。この経済産業局の確認書が取得できなければ、生産性向上設備の特別償却は受けられません。

解　説

　特別償却の適用を受けるためには、次の要件を備える必要があります。
　① 生産ラインやオペレーションの改善に資する設備で投資計画におけ

る投資利益率が年平均15％以上（中小企業の場合は5％以上）。
② 生産等設備を構成するものであること。
③ 最低取得価額要件を満たしていること。建物は120万円以上。
④ 中古や貸付資産でないこと。
⑤ 国内投資であること。

　貴社の場合、中小企業に該当し、倉庫は生産等設備に該当しますので、投資効果が5％以上の数値になるかどうかが問題と考えられます。

　現在の倉庫が老朽化していることから考えますと、過去において修繕費が毎年多額に計上されているのではないかと考えられます。まず、このデータを集計し、電灯・空調などをLED化したり省エネタイプのものを導入するなどして維持管理コストを低減することなどで、投資コストの削減ひいては投資利益率の確保を図ってはどうかと考えます。また、外部倉庫業者を使っていれば新倉庫に集約することで、運送費や倉庫代の節約も可能になりコストの低減の一助になります。いずれにしても、事前確認書を作成する税理士等に現状をよく説明して相談することが一番です。

参考法令等

●措法第42条の12の5（生産性向上設備等を取得した場合の特別償却又は法人税額の特別控除）
●産業競争力強化法
●生産性向上設備投資促進税制　Q&A集　経済産業省

費用計上（備品購入）

Q17　10万円以下の器具備品の期末調達

> 第3回目の四半期決算で利益が確実に出ることが見込まれたことから、10万円未満のパソコンやトナーなどの消耗品を約500万円買い込みました。購入したパソコン（単価9万円）20台は4月入社の新入社員向けのものです。これらの費用を損金に計上して法人税を125万円減額することができました。税務上、問題はないでしょうか。

 費用計上は認められません。

解説

　単価9万円のパソコンは少額減価償却資産に該当し、事業の用に供し損金経理したときは損金となりますが（法令133）、新入社員向けのパソコンだとすると、梱包未開封の状態と推測され期末にはまだ事業の用に供していないものと考えられますので、期末には貯蔵品等として計上するよう税務調査で指摘される可能性があります。また、法人税基本通達2―2―15において、「消耗品その他これに準ずる棚卸資産の取得に要した費用の額は、当該棚卸資産を消費した日の属する事業年度の損金の額に算入するのであるが、法人が事務用消耗品、作業用消耗品、包装材料、広告宣伝用印刷物、見本品その他これらに準ずる棚卸資産（各事業年度ごとにおおむね一定数量を取得し、かつ、経常的に消費するものに限る。）の取得に要した費用の額を継続してその取得をした日の属する事業年度の損金の額に算入している場合には、これを認める。」とされていますので、消耗品についても、

通常の使用量に比して異常に多量であれば、調査において費用計上が否認される可能性を拭いきれません。

お尋ねのケースでは、仮に否認されれば12万円の過少申告加算税と法人税本税125万円プラス延滞税がかかります。

参考法令等
- 法法第22条
- 法令第133条（少額減価償却資産の取得価額の損金算入）
- 法基通2—2—15（消耗品等）

評価損計上

Q18 期末棚卸評価減

棚卸資産に売れ残った商品が 1,000 万円分ありましたので、期末に評価減を行いました。評価額は 100 万円にしました。ちなみに、翌期期首に特売セールを行い 500 万円で売れてしまったのですが大丈夫ですか。

A 評価損に至る経緯がよくわかりませんが、売れ残った在庫を 100 万円と評価しながら、結果的に翌期には 500 万円で売れたとなると期末評価 100 万円が適正であったかどうか疑問に思われます。その場合、期末の在庫としての評価額は 500 万円であったと認定される可能性が大きいでしょう。

解説

評価減ができる例示として法人税基本通達9―1―4では、
「令第68条第1項第1号ロ《評価損の計上ができる著しい陳腐化》に規定する『当該資産が著しく陳腐化したこと』とは、棚卸資産そのものには物質的な欠陥がないにもかかわらず経済的な環境の変化に伴ってその価値が著しく減少し、その価額が今後回復しないと認められる状態にあることをいうのであるから、例えば商品について次のような事実が生じた場合がこれに該当する。

(1) いわゆる季節商品で売れ残ったものについて、今後通常の価額では販売することができないことが既往の実績その他の事情に照らして明らかであること。

(2) 当該商品と用途の面ではおおむね同様のものであるが、型式、性能、品質等が著しく異なる新製品が発表されたことにより、当該商品につき今後通常の方法により販売することができないようになったこと。」が示されています。

また、法人税基本通達9—1—6では、

「棚卸資産の時価が単に物価変動、過剰生産、建値の変更等の事情によって低下しただけでは、令第68条第1項第1号《棚卸資産の評価損の計上ができる事実》に掲げる事実に該当しないことに留意する。」

とも示しています。

また、平成8年10月23日東京高裁の判決では「右にいう『経済的な環境の変化』という文言は、物価変動が生じた原因を限定する趣旨でふされたものであって、新製品の開発、新技術の開発、生産様式の変化、法的規制の変化、経済政策の重点の移行など当該資産をめぐる特殊な経済的需給環境の変化を指す趣旨で用いたものと理解され、バブル経済の崩壊を含め一般的に生じた物価変動に伴う同種資産の価額の下落はその事由に該当しない。」と判示しています。

ご質問のケースでは、上記通達のような評価損を計上できる場合に当たるとしても、翌期首に500万円で売れた事実から判断して実務的には評価額は500万円とみるのが妥当と考えられます。

参考法令等

- 法法第33条（資産の評価損の損金不算入等）
- 法令第68条（資産の評価損の計上ができる事実）第1項
- 法基通9—1—4（棚卸資産の著しい陳腐化の例示）、9—1—6（棚卸資産について評価損の計上ができない場合）
- 平成8年10月23日東京高裁判決

減価償却(耐用年数)

Q19 中古資産の耐用年数

　子会社の利益が順調過ぎたことから、子会社の利益を親会社に持ってくるために、「中古資産を購入すると耐用年数の見積りが簡便法でできる」と聞いたので、その手法を用いることとしました。そこで当社では、自動車(トラック)2台を子会社に相場の800万円(いずれも売価は各400万円)で売却して500万円の利益を計上し、子会社では減価償却を簡便法の中古の耐用年数見積りにより耐用年数2年で償却し、子会社の利益400万円を圧縮しようと計画していました。しかしこの処理を誤って法定耐用年数で償却してしまい、翌期にこの誤りに気付きましたので耐用年数を4年から2年に訂正しようと考えていますが、この処理は大丈夫でしょうか。

A　耐用年数の適用等に関する取扱通達1─5─1に規定されているとおり、「中古資産の耐用年数の見積法又は簡便法による耐用年数の算定は、その事業の用に供した事業年度においてすることができ、当該事業年度において算定しなかったときは、その後の事業年度において算定することはできない」旨扱われていますので、税務上、貴社が想定している耐用年数の訂正はできません。

解説

　中古資産の耐用年数については、耐用年数省令第3条において見積法、簡便法により法定の耐用年数に同令に規定する率を乗じて適用耐用年数の算定ができるように規定されていますが、上記通達で規定しているとおり、事業の用に供した事業年度において法定耐用年数で減価償却限度額の

計算を行ってしまうと、その後の事業年度においては訂正ができないことになっています。

　このことは平成25年12月17日国税不服審判所の裁決（裁集No.93）にて「見積法等は飽くまでも法定耐用年数の特則であること、そして、いつでも変更が可能であるとすると利益調整等のために納税者によって恣意的に変更される可能性があることを併せ考えると、特則である見積法等の適用を望む法人は、当該中古資産を事業の用に供した最初の事業年度において、自らその意思を表示してその適用を受けることを要し、その意思を表示しなかった場合には、原則どおり法定耐用年数が適用され、これを事後的に変更することは許されない」と裁決しています。

　参考法令等
●耐用年数省令第3条（中古資産の耐用年数等）
●耐用年数の適用等に関する取扱通達1―5―1（中古資産の耐用年数の見積法及び簡便法）
●平成25年12月17日審判所裁決

損金処理

Q20 居ぬき店舗の造作買取と即改造

　当社は店舗展開を図っていたところ、立地条件が当社基準を満たしていた場所が見つかり、雀荘として営業中の店舗を交渉により、賃借することになりました。

　当社は同店舗を飲食店用（バー）にするつもりですが、雀荘の内部造作を買い取りし、すぐに壊して改造し当社用のバーにするつもりです。

　雀荘の内部造作の取得金額は300万円、取壊費用は100万円の予定です。これらの費用合計400万円を一時の特損として損金に計上しようと考えていますが大丈夫でしょうか。なお、大家さんとの賃貸借契約は5年で、5年後に書面での双方の意思表示がなければ、そのまま継続できる契約になっています。保証金は500万円で、礼金等はありません。賃借権の転売は認められていません。

 一時の損金として処理はできません。400万円を60か月で按分して繰延資産として償却することになります。

解説

　貴社が雀荘の内部造作を400万円で取得したのは雀荘をそのまま引き継ぐのが目的ではなく、その場所にバーを開店することが目的であり、これらの費用400万円は当該店舗を賃借してバーとしての店舗を開店するための費用と認められます。

　法人税法第2条第1項第24号は、繰延資産について「法人が支出する

費用のうち支出の効果がその支出の日以後1年以上に及ぶもので政令で定めるものをいう。」とされており、法人税法施行令第14条第1項第6号ロは「資産を賃借し又は使用するために支出する権利金、立ちのき料その他の費用」は繰延資産に該当するとしています。

本件の場合、400万円は雀荘の内部造作を取得して使用するためのものではなく、当該店舗を賃借して新たにバーを開店するための費用と認められますので、上記法人税法施行令第14条第1項第6号ロに該当します。

平成7年7月7日国税不服審判所の裁決でも同様な裁決が出されています。

参考法令等
- 法法第2条（定義）第1項
- 法令第14条（繰延資産の範囲）第1項
- 法基通8—2—3（繰延資産の償却期間）
- 平成7年7月7日審判所裁決

所得調整（分社化）

Q21 中小企業の分社化

中小規模の会社を分社化（適格分割含む）していくと法人税が安くなる、また、交際費の限度枠が広がり課税される交際費が少なくなるなど節税のメリットが大きいと聞いていますが、本当にそうなのでしょうか。

A 年間所得1,600万円の会社であれば2社に分割することにより、法人税等は分社後1社当たり84万円安くなりますが、設立費用（約30万円）やその後の維持管理費（地方税均等割り17万円・申告書作成、決算書作成代）を考慮すれば、当面、税金の軽減だけを目的にした設立ではメリットが大きいとはいえません。

解説

中小企業の法人所得が1,600万円とし、その後この会社の分社がうまくいき、各社800万円の所得になったとすると、税率の差10.5％が安くなるので、800万円×10.5％（25.5％－15.0％）で84万円安くなります。

地方税も84万円×17.3％で14万円安くなります。

しかし、別法人を作り管理していく上で、1社当たり税金を約100万円安くするために分社化することは勧められません。

分社によって法人格が別になりますので、地方税の均等割が0所得であれば7万円最低額が毎年かかりますし、法人税等の帳簿の作成の申告書作成提出、社会保険の諸手続きや法人の管理など、固定的費用の額もかかります。

また、どちらかの会社が赤字に転落しても別法人となっているため、分割前と比較すると大幅に納付する税金が増加します。例えば、仮に一方が800万円の利益で他方が800万円の赤字となった場合を想定すると2社合計で120万円（800万円×15％）の納税額が算出されますが、分社していなければ税金は0円であったことになります。

　交際費の枠にしても、所得金額が800万円のところ無理に800万円の交際費を使っては、そもそも法人経営が成り立たないと考えます。

参考法令等

●法法第66条（各事業年度の所得に対する法人税の税率）
●措法第42条の3の2（中小企業者等の法人税率の特例）

損金処理（保険加入）

Q22 逓増定期保険の節税策

当社は今事業年度利益が予想以上に出る見込みとなりました。掛金の$\frac{1}{2}$を損金に計上できる逓増定期保険があると聞きましたので、社長以下社員全員に生命保険をかけ、加入することにしました。総人員20名で、年払いの保険掛金は4,000万円となり、半分の2,000万円が損金に計上できます。これによって年間約500万円の法人税を節約することを考えていますが、何か問題はありますか。

A 逓増定期保険については保険期間満了の時における被保険者の年齢により一率に$\frac{1}{2}$が損金計上できるわけではありませんので、各人の保険契約の内容（年齢）に留意する必要があります。被保険者の保険期間満了の時の年齢が70歳以下であれば、$\frac{1}{2}$の保険の掛金が費用に計上できますが、70歳を超える場合は費用計上できる割合が低くなりますので、保険契約の契約内容をよく確認することが必要になります。

解説

逓増定期保険については、昭和62年6月16日直法2—2「法人が支払う長期平準定期保険等の保険料の取扱いについて」において保険料の資産計上額が規定されています。

同通達では、一定の前払期間を経過するまでの期間にあっては、各年の支払保険料の額のうち、次の①から③の区分に応じ定められた割合の金額を前払金等として資産計上することとされています。

前払期間とは、いずれの場合も「保険期間の開始の時から当該保険期間

の60％に相当する期間」をいいます。

① 保険期間満了の時における被保険者の年齢が45歳を超えるもの（②または③に該当するものを除く）

▶支払保険料の$\frac{1}{2}$に相当する金額

② 保険期間満了の時における被保険者の年齢が70歳を超え、かつ、当該保険に加入した時における被保険者の年齢に保険期間の2倍に相当する数を加えた数が95を超えるもの（③に該当するものを除く）

▶支払保険料の$\frac{2}{3}$に相当する金額

③ 保険期間満了の時における被保険者の年齢が80歳を超え、かつ、保険に加入した時における被保険者の年齢に保険期間の2倍に相当する数を加えた数が120を超えるもの。

▶支払保険料の$\frac{3}{4}$に相当する金額

現状、逓増定期保険の取扱いは以上のとおりですが、資金繰りで見ると貴社の場合、年払いで毎年4,000万円の保険料を負担していくことになります。中小企業で毎年この金額を安定的に負担するだけの資力が得られるのであれば資金的な問題はないのでしょうが、今事業年度の利益のみを指標に節税策として採用されるのであれば、今後の景気、引いては貴社業績の動向によっては資金的な圧迫要因となりかねず、何のための対策かを慎重に考える必要があります。

＊　　　　　　＊

一つの例でキャッシュ・フローの面から考えてみましょう。

保険期間満了の時における年齢を70歳に設定して保険料を計算しているある逓増定期保険契約を例にとると、この場合、前払期間中は支払保険料の$\frac{1}{2}$は損金の額に算入することができます。しかし、ある保険では、保険料の累積掛金に対する中途解約で解約返戻金として戻る率、いわゆる解約返戻率は、当初4年間は約55％と非常に低く設定されていますので、

貴社の保険すべてこの条件として、4年目に解約した場合のキャッシュ・フローを考えると、1億2,000万円（年4,000万円×3回）の保険料を支払って6,600万円（1億2,000万円×55％）が戻りますが、キャッシュ・フロー全体では（実効税率を約40％として）

現金（支払保険料）	−120,000,000円
現金（解約返戻金）	66,000,000円
返戻金に対する法人税等	−2,400,000円
（返戻金6,600万円−資産計上分取崩6,000万円）×税率40％	
節税法人税等	24,000,000円
（年保険料4,000万円×1/2費用×3年分×40％）	
差　引	−32,400,000円

となり、途中一定の節税効果は見られるものの、結果としては約3,200万円の持ち出しとなります。

一方、仮に保険契約をしなかったとすれば、節税効果はないものの

　　法人税等の支払い　　　−24,000,000円

の持ち出しで済んだことになります。

つまり、単年度の利益のみを見て、このような節税スキームを採用した場合、後続年度の業績によっては意図しなかった解約を余儀なくされる場合もあり、短期的な節税を超える資金流出を招く恐れがあります。上記契約の例では、結果的に保険契約をしなかった場合と比較して3年間で差引800万円のキャッシュの持ち出しとなり、一時的な節税効果を上回る財産上の損失が発生したことになります。返戻率が高くなる時期に解約すれば状況は変わりますが、常に節約になる保証はないことを念頭に置くべきでしょう。

もっとも、以上は節税節約や資金繰りの面からの検討であり、将来の保障に期待して保険契約することを否定するものではありません。あくまで、このような側面もあることを説明しています。

参考法令等

●昭和62年6月16日直法2—2「法人が支払う長期平準定期保険等の保険料の取扱いについて」（平成8年7月4日課法2—3により改正、平成20年2月28日課法2—3他により改正）

費用計上（収益認識）

Q23 売上計上基準として完成引渡し基準を採用

> 当社は土木建設業を営んでいますが、売上計上基準として完成引渡し基準を採用し売上を計上しています。今般、工事が期末までに終わっていなかったのですが、施主との契約と要望もあり、期末までに引渡しをしたことにして売上を計上しました。締めた後、当該工事は2,000万円の赤字工事でしたが、そのままにしておきました。大丈夫でしょうか。

A 工事が終わっていなかったとして、その未完成部分がどの程度のものか明確でありませんが、相当程度終わっていなかったとの前提で回答すると、2,000万円の赤字は費用計上が認められないでしょう。

税務調査があれば、意図的な赤字工事の繰上計上を疑われ仮に繰り上げるため施主と相談の上、事実に反する書類等を作成したとすると相手との通謀仮装行為があったとして重加算税が賦課される恐れもあります。

解 説

完成していない工事を引き渡したことにして完成引渡書を作成の上、売上に計上することは、貴社の売上計上基準にそぐわないことになります。当該工事が、2,000万円の赤字であれば、損金が過大に計上されたものとして調査の際2,000万円を所得に加算されます。さらに、事実に反して完成引渡書などを作成したような場合は相手との通謀による仮装行為があったものとして重加算税を賦課されますので注意したいものです。

申告調整で2,000万円を加算しておくことにより、是正の手段もありま

すので、期末の処理を誤らないようにしたいものです。

　一方、一部未完成であったとしても、昭和54年11月15日神戸地裁の判決では「工事完成基準にあっては、収入は原則として目的たる契約事項全部の完成のときの事業年度に帰属すべきであるが、当該事業年度内に契約の大部分が完成され、かつ、その引渡しが終了し代金の請求もなされていながら、なお、一部が未完成となった場合において、右未完成部分が全工事中の極めて僅かの部分割合にすぎず、かつ、付随的、仕上げ的な内容のもので、極めて僅かの時間内に処理することができ、右事業年度に引続き容易に完成し得るものと認められるような場合にあっては右工事の収益は当該事業年度に帰属するものと解するを相当とする。」としています。このことから、未完成部分がどの程度であったか改めて確認することも、重要なことと考えます。

　昭和55年6月12日東京地裁でも同様な判決があります。

参考法令等
- 法法第22条
- 昭和54年11月15日神戸地裁判決
- 昭和55年6月12日東京地裁判決

外国税額控除

Q24 一部の外国法人税の控除

　特許の使用料に係る外国税額控除を受けようとしているのですが、アメリカ、ドイツ、カナダ、イギリス、シンガポールと5か国にわたっており、証明書の取り寄せ手続きが各国ともまちまちで、苦労しています。特にドイツは遅いので、ドイツだけ外税控除は止めて、受けないようにしようと考えていますが、問題ないでしょうか。

A　控除対象外国法人税の一部だけを控除対象とすることは可能ですが、一部でも外国税額控除を選択した以上、控除対象外国法人税は全額損金不算入となります。したがって、ドイツの外国法人税を控除対象から除外したとしても、その額は損金不算入として申告加算する必要があります。

　お尋ねのケースでは、書類の取り寄せ、保存に時間がかかるというだけのことですから、ドイツの税額についても税額控除の対象とし、一刻も早い書類の取り寄せに努めることが次善の対応と考えられます。ただし、最終的に取り寄せ保存ができなかった場合は、やむを得ない事情があったかどうかにより、ドイツの税額に対する税額控除が認められなくなる可能性があります。

　なお、確定申告ではドイツの税額を税額控除の計算に含めず、ドイツの書類が整った時点で更正の請求によりドイツの税額を税額控除の計算に含め控除を受けることも可能でしょう。この場合でも、確定申告において他国の税額については税額控除の対象とするためドイツの税額も損金不算入となります。

> **解 説**

　Q5で述べたとおり、外国税額控除を選択した場合は控除対象外国法人税の額は全額損金に算入されません（法法41、法基通16―3―1）。お尋ねのケースでは5か国の特許使用料に係る外国源泉税すべてが控除対象外国法人税に当たると考えられますので、税務上、ドイツの外国源泉税は外国税額控除の計算から除いて損金算入し、他の4か国の外国源泉税については外国税額控除の対象として損金不算入とする取扱いは認められません。たとえ1か国分だけでも外国税額控除を選択すれば、他の4か国分も損金不算入となりますので注意が必要です。

　なお、外国税額控除の適用を受けるには「控除を受けるべき金額及びその計算に関する明細を記載した書類並びに控除対象外国法人税の額の計算に関する明細その他の財務省令で定める事項を記載した書類の添付があり、かつ、控除対象外国法人税の額を課されたことを証する書類その他の財務省令で定める書類を保存している場合に限り、適用する。」とされています（法法69⑩）。したがって、いわゆる法人税申告書別表の添付と外国法人税が課されたことを証する書類等の保存が適用の条件となります。

　保存を要する書類は、次の書類です（法規29の3②）。

・法人税法施行規則第29条の3第1項第1号に規定する税を課されたことを証する当該税に係る申告書の写しまたはこれに代わるべき当該税に係る書類及び当該税がすでに納付されている場合にはその納付を証する書類ならびに当該税が控除対象外国法人税の額に該当する旨及び控除対象外国法人税の額を課されたことを証する書類

　※地方税の控除限度額の計算につき実際税率による特例を適用する場合は、別途地方税申告書の写し等の保存が必要です（法規29の3②二）。

　ただし、これらの書類の保存については、いわゆる宥恕規定がありますので（法法69⑫）、その書類の保存がなかったことについてやむを得ない

事情があると認められるときは外国税額控除規定の適用を受けることができます。ここで、「やむを得ない事情」は個別具体的に判断されますが、一般的には「本人の責めに帰すことのできない事由により生じた客観的な事情」を指すと考えられます（後掲裁決事例参照）。

　お尋ねのケースの場合、ドイツの書類は取り寄せに時間がかかるとのことですから、おそらく法人税の確定申告をする時点ではドイツの書類は保存されていないものと思われます。しかし、書類の準備保存が遅れるのは他国にはないドイツの政府あるいは行政機関の特異な事情であって貴社の責任に帰する問題ではないとすれば、確定申告の時点あるいは当局による調査等書類の保存を確認される時点で必要な書類を提示できなくても、この宥恕規定により税額控除が認められる可能性があります。

　しかも、確定申告提出時には間に合わないとしてもいずれ準備保存できるとすれば、ドイツの外国源泉税についても外国税額控除の対象として申告するのが次善の対応であると考えられます。ただし、最終的に書類の保存ができない場合はやはり宥恕規定が適用される、やむを得ない事情があるかどうかが問題となります。当然ですが、やむを得ない事情がないと判断されれば、ドイツの外国源泉税に対する税額控除は認められません。

　お尋ねのケースでは、実務的には確定申告提出時点で保存がなかったとしても書類の確認を受ける調査等の時点で保存があれば外国税額控除は認められる可能性が大きいと考えられますし、仮に調査等の時点になっても書類が整わないとしても、準備保存に時間がかかるのは貴社の怠慢や過失によるものではないと思われるため、宥恕規定により外国税額控除は認められる可能性は大きいでしょう。したがって、このようなケースでは、申告時点では書類が整わない外国法人税についても外国税額控除の適用、損金不算入を選択しておいて、一刻も早く該当書類が保存できるよう努めることが望ましいと考えます。

また、平成23年度税制改正で外国税額控除については控除額を当初申告書に記載された金額に限定する、いわゆる控除額の制限が廃止され、平成23年12月2日以後に法定申告期限が到来する法人税（国税）については、修正申告書または更正請求書に確定申告書と同様に明細書を添付し、必要な書類を保存していれば当初申告書に記載した金額を超えて外国税額の控除をすることが可能となりました（法法69⑩）。したがって、上記のようにドイツの必要書類が整わない確定申告の時点ではドイツの外国源泉税を外国税額控除の対象とはせず、書類が整った時点で更正請求をすることによりドイツの税額を税額控除の計算に含めることも可能でしょう。ただし、更正の請求には5年の期間制限がありますので、いずれ書類が整うのであれば、また、書類の遅延がドイツの事情によるのであれば、やはり確定申告でドイツの税額も控除対象外国法人税に含めるのが次善の対応と考えられます。

＊　　　　　　　＊

　外国税額控除制度における書類の添付または保存に関する「やむを得ない事情」については、「（法人税）法第69条第15項（筆者注：平成14年法律第79号による改正前法人税法）に規定するやむを得ない事情とは、本人の責めに帰すことのできない事由により生じた客観的な事情をいう」（平成15年5月20日裁決、裁集№65、486ページ）、「所得税法第95条第7項に規定する『やむを得ない事情』とは、例えば、外国所得税を課されたことを証する書類を添付しようとしたが、外国政府の事務処理上の都合でこの書類の作成が遅れ、期限までに入手できず確定申告書に添付できなかった場合など、納税者の責めに帰すことのできない客観的事情をいい、納税者の法の不知や事実の誤認などの主観的事情はこれに当たらないと限定的に解するのが相当である。」（平成21年12月2日裁決、裁集№78、200ページ）、「『やむを得ない事情』とは、天災、交通途絶その他客観的にみて納税者本

人の責めに帰することができない事情をいうものと解して、納税者本人の法の不知や誤解、事実の誤認などの主観的な事情はこれに当たらないと解するのが相当である。」（平成22年6月18日裁決、裁集№.79）等の裁決があります。後者2つの裁決は所得税における外国税額控除のケースですが、法人税においても同様の見解になるものと考えられ、やむを得ない事情といえる具体的な例を窺うことができます。

参考法令等
- 法法第41条
- 法法第69条
- 法規第29条の3（外国税額控除を受けるための書類）第2項
- 法基通16―3―1

所得調整（社会保険料）

Q25 給料と社会保険料

　毎月100万円の役員給与をもらっている人の場合、社会保険料の負担は会社及び個人の合計で約270万円となり、この給与を毎月分については10万円にし、7月と12月の各々300万円と780万円にして支給すると納付する社会保険料の額は会社及び個人合計で150万円になって約120万円節約できるということですが、税務的に大丈夫でしょうか。

A　社会保険料の負担は軽減でき、税制上問題はなくても、法人税・所得税を併せて考えると納める税金は増加しますし、将来の保障に影響があると思われます。

解　説

　確かに年収1,200万円の人の毎月の給与を大幅に減額し、お尋ねのケースのように賞与で支払うようにすると、会社負担の社会保険料は約60万円経費（2分の1負担）が安くなります。

　しかし、中小企業として法人所得が800万円とすると、60万円×法人税率15％で税額が9万円増加します。さらに地方税3万円がかかり合計12万円税負担が増加します（復興税を除く。以下同じ）。

　また、給与でもらう人は60万円の社会保険料控除が受けられませんので年間所得税額が、60万円×所得税率33％で約19万円増加します。さらに、住民税でも社会保険料控除が受けられませんので、60万円×住民税率10％で6万円増加し、合計増加税額は約25万円となります。

　したがって、法人・個人の税額負担が合計約37万円増加しますので、

節約効果の減少要因となります。

　さらに社会保険の趣旨から病気やけがなどの万一の場合のリスク対応として、相互に連帯して支え合うというのが社会保険の重要な役割です。

　そこで、将来の保障について考えてみると、納付する社会保険料が少なくなる分、当然、将来の給付額も減少する方向に働くと思われます。どの程度影響があるかは計算が難しいため、専門家に相談する必要がありますが、給付は生涯にわたるものですから現在の納付額の節約だけを考えては真の意味で節約になるかどうかわかりません。

　また、将来本人の退職や死亡した場合の退職金や弔慰金の計算においても、手続き次第では法人・個人でも税金の大幅な負担増が考えられること、毎年事前確定給与の届出をしないと大幅な増税になってしまうことから、単純に節約になるとは言い切れません。

　税務的に大丈夫かどうかは各種手続きの精査と実態の把握が必要ですが、いずれにしても選択するかどうかの判断は長い視野で考えたいものです

(注) 本文中、給与所得に対する税率33％は、給与収入1,200万円の場合、給与所得の金額が970万円となりますので、課税所得900万円から1,800万円の階層に対する所得税率33％を採用したものです。他の所得控除の額が200万円と仮定すると23％となります（以上、平成26年分適用））。

参考法令等
- 法法第34条、第66条
- 法令第69条（定期同額給与の範囲等）、第70条（過大な役員給与の額）
- 法規第22条の3（確定額による役員給与の届出書の記載事項及び利益連動給与の開示方法）
- 地法第52条（法人の均等割の税率）、第312条（法人の均等割の税率）
- 所法第74条（社会保険料控除）、第89条（税率）
- 措法第42条の3の2

値増し金処理

Q26 中国子会社に対する値増し金の支払い

　当社は中華人民共和国（以下、中国という）上海に子会社（以下、A社という）を所有しています。そのA社から同社が製造した製品を購入する取引を行っていますが、A社は円安の影響で為替差損や人件費等の高騰で諸経費が増加して経営上資金繰りが苦しく、3,000万円の値増し請求がありました。算出根拠は不明ですが、取りあえず、値増し合意書を作成して送金しようかと考えていますが、大丈夫でしょうか。

　なお、A社は租税特別措置法第66条の4第1項に規定する国外関連者に該当します。

A　**A社の請求によって、3,000万円の値増し合意書を作成して送金したとしても、赤字補塡のために支出した寄附金と認定される可能性が大きいと思われます。国外関連者であるため寄附金認定されれば全額損金に算入できません。**

解　説

　A社からの請求は「為替差損や人件費等の高騰で諸経費が増加したこと」を理由にしていますが、金額の算出根拠も示されていないようです。そうすると単に経営環境の悪化による赤字を補塡するために、3,000万円を提供したと認定される可能性が大きくなります。

　寄附金については、法人税法第37条第7項において「寄附金の額は、寄附金、拠出金、見舞金その他いずれの名義をもってするかを問わず、内国法人が金銭その他の資産又は経済的な利益の贈与又は無償の供与（広告

宣伝及び見本品の費用その他これらに類する費用並びに交際費、接待費及び福利厚生費とされるべきものを除く。次項において同じ。）をした場合における当該金銭の額」と規定されており、国外関連者への寄附金の取扱いを定めた租税特別措置法第66条の4第3項においてもこれを引用しています。

　値増し金について寄附金認定されないための参考として、「値増しの対象とされた既往の各取引について、事後的に本件製品の実績原価を算出した上で値増しの額を算出するなどして既往の取引価額の修正について合意」することを例示した平成25年7月5日の国税不服審判所の裁決があります。この裁決ではまた寄附金の意義について「民法上の贈与に限らず、経済的に見て贈与と同視し得る金銭その他の資産又は経済的利益の贈与又は供与であれば足りるというべきである。そして、ここにいう『経済的に見て贈与と同視し得る金銭その他の資産又は経済的利益の贈与又は供与』とは、金銭その他の資産又は経済的利益を対価なく他に移転する場合であって、その行為について経済的合理性が存しないものを指すものと解するのが相当であり、他方、法人のかかる行為が相当な理由に基づいてなされ、経済的合理性が存する場合には、これを単なる贈与であるということはできないから、その贈与した金銭その他の資産又は供与した経済的利益の額は寄附金の額に該当しないと解すべきである。」としています。

　ここにいう経済的合理性が存する場合とは、法人税基本通達9―4―1により「子会社の損失を負担しなければ今後親会社である貴社がより大きな損失を蒙ることになることが社会通念上明らかであると認められるためにやむを得ずその損失負担等をするに至った」場合や、法人税基本通達9―4―2《子会社等を再建する場合の無利息貸付け等》に該当する場合などがこれに当たると考えられ、この場合にも寄附金認定されることはありませんから、そのような事情がある場合はそれを立証することが重要となります。

いずれにしても、お尋ねのケースでは3,000万円の供与について、値増し金としての算出根拠を示すことや支援をする合理的な理由を示す資料を収集整理することが、寄附金かどうかの分かれ目になります。なお、中国との送受金に関しては「国家外貨管理局」による国家外貨管理規定上の規制がありますので、注意して下さい。

＊　　　　　＊

〈平成25年7月5日裁決 裁決事例集No.92（寄附金（国外関連者への資金供与））〉
―子会社に対する仕入れの値増し金は当該子会社の資金不足を補うための資金供与としての寄附金であると認定した事例

　この裁決事例では、値増し合意書は作成されているものの、審判所は金額の算定根拠を子細に検討した上でこの合意内容を否定し、送金は赤字補塡等のために行われたと認定しています。したがって、形だけ値増し合意書なるものを作成しても、金額の算定根拠がそれにふさわしいものでないときは寄附金認定される可能性が大きいといえます。

参考法令等
●法法第37条第7項
●措法第66条の4第1項、第3項
●法基通9―4―1、9―4―2

損金処理（決算賞与）

Q27 決算賞与の未払計上

予想以上の利益が決算を仮締めした決算月の翌月月初に判明したので、急遽決算賞与を出すことにしました。月内に支給も完了して帳簿上は未払金に計上し 2,000 万円を費用にしましたが、この税務処理は大丈夫ですか。

 税務上は費用として認められません。

解　説

使用人賞与の損金算入時期については法人税法施行令第 72 条の 3 により判定することとなります。

翌期首に急遽支給を決定していることから、労働協約等はないものと仮定して未払計上が認められるのは、次の3つの要件を満たす場合です（法令 72 条 3 二）。

- イ　その支給額を、各人別に、かつ、同時期に支給を受けるすべての使用人に対して通知をしていること。
- ロ　イの通知をした金額を当該通知をしたすべての使用人に対し当該通知をした日の属する事業年度終了の日の翌日から1月以内に支払っていること。
- ハ　その支給額につきイの通知をした日の属する事業年度において損金経理をしていること。

お尋ねのケースでは、支給を決定したのは決算仮締めをした翌期首です

から、各人別に通知を発し、上記イは充足するとしても、通知の発出は翌期首となります。したがってハにより、通知をした日の属する事業年度に損金経理をしてはじめて、通知をした日の属する事業年度の損金と認められますので、当期の損金算入は否認されるでしょう。

参考法令等

●法令第72条の3（使用人賞与の損金算入時期）

関連トピック●国税庁質疑応答事例紹介

算定方法の内容の開示（利益連動給与）

「法人税法第34条第1項第3号（役員給与の損金不算入）に規定する利益連動給与のうち損金の額に算入することができるものについては、その算定方法の内容が、報酬委員会のその算定方法の決定等の日以後遅滞なく、有価証券報告書に記載されていることその他の方法により開示されていることが要件とされていますが、この開示は、業務執行役員のそれぞれについて行わなければならないのでしょうか。」との照会について、お尋ねの「開示については、業務執行役員の全てについてそれぞれ行う必要があります。なお、開示の対象はあくまで利益連動給与の算定方法の内容であり、役員の個人名の開示を求めるものではなく、その肩書き別に利益連動給与の算定方法の内容が明らかにされていれば足りることにな」るとの回答がなされています。その理由としては、「損金の額に算入することができる利益連動給与とは、同族会社に該当しない法人が業務執行役員に対して支給する利益連動給与（利益に関する指標を基礎として算定される給与をいいます。）で、次に掲げる要件を満たすもの（他の業務執行役員の全てに対して次に掲げる要件を満たす利益連動給与を支給する場合に限ります。）」とし、以下の要件が掲げられています（法法34①三、法令69⑥〜⑩）。

① その算定方法が、当該事業年度の利益に関する指標（有価証券報告書に記載されるものに限る）を基礎とした客観的なもの（次に掲げる要件を満たすものに限る）であること。
　ⅰ）確定額を限度としているものであり、かつ、他の業務執行役員に対して支給する利益連動給与に係る算定方法と同様のものであること。
　ⅱ）当該事業年度開始の日の属する会計期間開始の日から3月を経過する日（保険会社にあっては4月を経過する日）までに、報酬委員会（当該法人の業務執行役員または当該業務執行役員と特殊の関係のある者が委員となっているものを除く）が決定していることその他これに準ずる適正な手続きを経ていること。
　ⅲ）その内容が、ⅱ決定または手続きの終了の日以後遅滞なく、有価証券報告書に記載されていることその他の方法により開示されていること。
⑵ 利益に関する指標の数値が確定した後1月以内に支払われ、または支払われる見込みであること。
⑶ 損金経理をしていること。

また、上記の要件のうち、①のⅲに記載している「開示されていること」については、「そもそも利益連動給与を損金の額に算入するためには、その法人の業務執行役員の全てに対して支給するもので、かつ、個々の業務執行役員に支給する利益連

動給与がそれぞれ法令の要件を満たすものである必要があります（法法34①三）。したがって、ご質問の開示についても、業務執行役員の全てについてそれぞれ行うことになります（法法34①三イ(3)）。」の取扱いが示され、具体的な内容の例示として、「その法人の業務執行役員ごとに、①利益連動給与の算定の基礎となる利益に関する指標、②限度としている確定額及び③客観的な算定方法の内容を開示する必要があります。ただし、個々の業務執行役員に支給する利益連動給与の算定方法の内容が結果的に明らかになるものであればよく、算定方法が同様の利益連動給与について算定方法の内容を包括的に開示することを妨げるものでありません。また、開示の対象はあくまで利益連動給与の算定方法の内容であり、役員の個人名の開示を求めるものではなく、その肩書き別に利益連動給与の算定方法の内容が明らかにされていれば足りることになります（法基通9-2-19）。」が挙げられています。

評価損計上

Q28 上場有価証券評価損

バブル時に取得した上場株式について評価損を計上しようと考えています。期末には時価は簿価の半分以下でしたが、アベノミクスのおかげで、申告前には65％まで回復しています。期末時の評価のまま計上しても大丈夫でしょうか。

A 貴社が評価損を計上した基準については明らかではありませんが、評価損が計上できるためには、法人税基本通達9—1—7では、過去に所有した有価証券が著しく価額の低下していたこと、さらに、「近い将来その価額の回復が見込まれないこと」も条件に入っています。

したがって、株価が期末に上昇傾向であったことが明らかであれば、評価損の計上は認められません。

解説

平成21年4月国税庁発行「上場有価証券の評価損に関するQ&A」では、当該株式の株価の回復可能性に関する検証を行う必要があるとされていますので、貴社で当該株価の回復が見込まれないとした判断を示せば、異なった結論も出ることが予想されます。

そのためには、過去の市場価額の推移や市場環境の動向、発行法人の業況等を総合的に勘案した合理的な判断基準が示せること、あるいは、発行法人に係る将来動向や株価の見通しについて、「専門性を有する第三者である証券アナリストなどによる個別銘柄別、業種別分析や業界動向に係る見通し、株式発行法人に関する企業情報などを用いて、当該株価が近い将

来回復しないことについての根拠が提示される」ことができれば、「評価損の計上は認められる」ことになります。

　ただし、自社の収益状況に合わせて基準の使用を取りやめたり、正当な理由なく変更したりするような場合は、合理的な判断と認められず、評価損は認められません。

参考法令等
- 法法第33条第1項、第2項
- 法令第68条第1項第2号イ
- 法基通9─1─7（上場有価証券等の著しい価額の低下の判定）
- 平成21年4月国税庁発行「上場有価証券の評価損に関するQ&A」

収益計上（未完成工事）

Q29 請負工事の一部未完成の場合の売上処理

当社は売上計上基準について、通常は鍵の引渡しをもって完成引渡し基準で計上しています。

期末に請負工事の一部が未完成で引渡し期限が来てしまい、施主に引渡しを求められ鍵の交付を行いました。未完成の工事内容は、一部の窓ガラスに傷があったことからの交換とその交換のための足場の仮設作業用の作業台の撤去がされていなかったというものでした。なお、工事は担当した下請業者にやらせますので特に原価は発生しません。この工事の売上計上時期は窓ガラスの交換と作業台の撤去が完了した翌事業年度に計上しようと考えていますが、よろしいでしょうか。

A 貴社の売上計上基準は完成引渡し基準を採用していますので、工事が完成し、引渡しが終了した時に売上に計上すべきものと認められます。貴社の他の売上計上が鍵の引渡しをもって売上計上していることから、本件の場合も、一部の補修工事や仮設物の作業台の撤去が完了していなくても売上に計上すべきものとなります。

解　説

法人税基本通達2―1―5、同2―1―6では「請負による収益の額は、別に定めるものを除き、物の引渡しを要する請負契約にあってはその目的物の全部を完成して相手方に引き渡した日」の属する事業年度の益金に算入するとされています。

さらに、すでに廃止された通達ですが、昭和35年直法1―60「四」で

は「明らかに引渡しの完了した建設工事等については、その後において一部補修もしくは仮設物の撤去を要すること又は契約において保証期間の定めがあるというようなことは、原則として、引渡し日の判定には関係がない」旨規定されていました。軽微な補修が残っても引渡しの判定に影響がないことは明らかでしょう。

　また昭和54年11月15日神戸地裁の判決においても「工事完成基準にあっては、収入は原則として目的たる契約事項全部の完成の時の事業年度に帰属するとすべきものであるが、当該事業年度内に契約の大部分が完成され、かつその引渡しが終了し代金の請求もなされていながら、なお、附随的、仕上的な内容のもので、極めて僅かの時間内に処理することができ、右事業年度に引続き容易に完成し得るものと認められるような場合にあっては右工事の収益は当該事業年度に帰属するものと解するを相当とする。」との判断を示しています。貴社の場合、請求こそしていませんが、鍵の引渡しもされていることから回答の結論になります。

参考法令等
● 法法第22条第4項
● 法基通2—1—5（請負による収益の帰属の時期）、2—1—6（建設工事等の引渡しの日の判定）
● 旧通達昭和35年直法1—60「四」
● 昭和54年11月15日神戸地裁判決

交際費処理

Q30 社長の結婚披露宴と交際費

> 社長の結婚披露宴を会社の費用で開催し、その費用を交際費として計上しましたが問題ないでしょうか。

A 結婚披露宴は本来私的な行事であって、通常結婚当事者がこれを行うものです。お尋ねのケースでも代表者の個人的な行事と考えられますから、会社が接待したということにはならないので、会社が費用を負担したとしても貴社の費用あるいは貴社の交際費とはなりません。

解説

「(会社の)交際費等とは、交際費、接待費、機密費その他の費用で、法人が、その得意先、仕入先その他の事業に関係ある者等に対する接待、供応、慰安、贈答その他これらに類する行為のために支出するものをいう。」と租税特別措置法第61条の4に規定されていますが、そもそも代表者の個人的な行事の費用は会社の費用にはなりません(**Q4**、**Q12** 参照)。

昭和50年2月14日京都地裁判決や昭和52年3月18日大阪高裁の判決では「本件結婚披露宴は控訴会社の取引等の事業関係者を接待きょう応する目的で催されたものであって、招待された側でも控訴会社の費用で右接待が行われたと認識していたものと認めるような特段の事情を備えていたとは未だいいがたく、総じて世間一般の結婚披露宴と格別異なるところは認められない」として、交際費計上を否認して、役員賞与とした処分を認めた判決をしています。

> **参考法令等**

● 措法第61条の4（交際費等の損金不算入）
● 昭和50年2月14日京都地裁判決
● 昭和52年3月18日大阪高裁判決

関連トピック●国税庁質疑応答事例紹介

講師給食費

「当社では、税理士試験や公認会計士試験等の受験講座を開設していますが、来講する外部講師に対して、食事時に社内で一律に500円ないし600円程度の弁当を給食しています。
1　この給食費用は、交際費等として限度計算を要しますか。
2　また、交際費等ではないとした場合、講師謝金の一部として所得税の源泉徴収を要しますか（従来は、源泉徴収していません。）」との照会に対し、
① 外部講師に対して、社内で一律に少額の弁当を給食するものであるから、当該給食費用は接待費というよりは、むしろ講師委嘱に関連して通常要する費用と認められるので、交際費等として計算する必要はない。
② 少額で、かつ、臨時的な経済的利益の供与であるから、強いて源泉徴収することを要しない（所得税基本通達204-3(2)）。
と回答されています。

特別損失計上

Q31 借地権の取得価額

当社は親会社から建物をその借地権とともに500万円で取得しました。借地権については無償返還の届出を提出しています。
その後、この借地権付き建物を取得してから3か月後に取り壊した後、新しくビルを建てる予定ですが、この取壊費用と建物の簿価については特別損失として800万円計上する予定ですが大丈夫ですか。

 800万円は借地権の取得価額になりますので、損失に計上することはできません。

もともと借地権付き建物を取得したのが建物の取得が目的ではなく、借地権を取得して新たに建物を建築するのが目的だったのですから、上物である建物は当該建物の取得代価及び取壊費用は、実質的にその敷地も借地権の対価を構成するものと認められます。

法人税基本通達7—3—6に≪土地とともに取得した建物等の取壊し費等≫がありますが、これと同様な取扱いになります。

平成3年2月27日国税不服審判所の裁決でも同じ旨の裁決がされています。

解説

平成3年2月27日国税不服審判所の裁決では「同一所有者に属する土地及び建物のうち、建物のみが譲渡された場合には、特段の事情がない限り、当然に敷地に対する借地権の設定があったものと推認される。また、建物を敷地の所有権又は借地権の取得とともに取得した後、短期間内に当

該建物の除却に着手するなど当初からその建物を除却してその敷地を利用することが明らかである場合には、当該建物の取得代価又はその未償却残額及び取壊し費用は、実質的にその敷地の所有権又は借地権の対価的性質をもつものとみとめられるから、その取得価額を構成する。」とし、さらに、「土地賃借契約において、契約期間満了及び解除による契約終了時に、土地所有者に対して借地人が借地権の対価その他の名目を問わず何らの金員を請求しない旨の特約があったとしても、それは借地人が借地権価額を回収し得ないというだけであって、これがため、借地権取得のために投下された金員が借地権の取得価額でないという理由にはならない。」としています。

参考法令等

●法基通7―3―6（土地とともに取得した建物等の取壊し費等）
●平成3年2月27日審判所裁決

関連トピック●国税庁質疑応答事例紹介

住民運動による工事遅延期間について生じた費用の原価性

「当社は、石油精製工場を建設しようとしましたが、住民運動による建設工事遅延が生じ、資材の保管のために特別に借地料、倉庫料等を要することとなりました。これらの費用は、当該工場の取得価額としないで、損金処理して差し支えありませんか。」との事案につき、「工場等の建設等に伴って支出する住民対策費等の費用の額で、当初からその支出が予定されているものについては、たとえその支出が建設後に行われるものであっても、工場等の取得価額に算入することとされています。しかしながら、照会の借地料等は、法人税基本通達7-3-7《事後的に支出する費用》にいうような、当初からその支出が予定されたものではなく、かつ、異常原因に基づいて支出する費用ですから、取得価額に算入しないで、その支出の都度損金として差し支えありません。」と回答されています。

広告宣伝費処理

Q32 開店祝いの花は広告宣伝費か否か

取引先の新規店舗開店にあたり、開店祝いとして店舗の軒先に当社のネーム入りの名札を添えて生花を寄贈しました。広告宣伝費として処理しても大丈夫でしょうか。

A 取引先の開店に際して開店祝いとして贈答した花輪等の購入代金は、得意先に対する贈答行為のために支出した費用に当たると考えられ、交際費と認定される可能性が大きいといえます。

解 説

交際費については、その判断につき、広告宣伝費との区分が租税特別措置法通達61の4(1)―9においてきめ細かく規定されています。その区分基準として、「不特定多数の者に対する宣伝的効果を意図するものは広告宣伝費の性質を有するものとし」、広告宣伝費とする費用が列挙されていますが、ご質問の生花は確かにネーム入りのものですが、贈答先が生花をどこに置いても文句はいえません。社長室とか事務室とかに置かれることもあり得ます。とすると、不特定多数の者に対する宣伝的効果は望めません。ビルの屋上の看板や駅やバス停の掲示とも異なり、生花の寄贈は得意先への新規開店祝いとしての贈答との意味合いが強くなります。

平成7年10月13日静岡地裁の判決では、「交際目的と宣伝目的とは必ずしも相排斥する関係にはなく、自社の名を表示した花輪を贈呈するような行為は、交際目的だけでなく、宣伝目的をも併せもって行われることがむしろ通常であるともいえるが、その外形から客観的に判断される当該行

為の主たる目的が交際のためであれば、これに係る費用はなお交際費等にあたるものと解され、花輪代が交際費等ではなく広告宣伝費に当たるとするためには、花輪等の贈呈の主たる目的が原告の広告宣伝であると客観的に判断され得るような外形的事実関係が存することが認められなければならない。」とされ「交際目的に付随する宣伝目的の域を出るものではない」、として交際費と認定しています。

　また、平成8年10月30日東京高裁の判決でも同様に判示されています。

　すなわち、たとえ生花が大通りに面したところに飾られていて宣伝効果は否定できないとしても、お祝いとしての生花の贈呈には間違いないということになります。

参考法令等

- 措法第61条の4
- 措令第37条5（交際費等の範囲）
- 措通61の4(1)―9（広告宣伝費と交際費等との区分）
- 平成7年10月13日静岡地裁判決
- 平成8年10月30日東京高裁判決

損失計上(横領)

Q33 財務部長の横領

当社は衣料品を製造販売する同族会社です。このほど財務担当部長による2年間にわたる5,000万円の使い込みが発覚しました。今回残高証明書を期末に取り寄せて初めて預金残高が合わないことから本人を追及したところ、定期預金を勝手に解約してギャンブルやマンションの購入に充てていたことを白状しました。警察に告発したところですが、この損害を特別損失として計上しようと考えていますが妥当でしょうか。

 特別損失に5,000万円計上することは認められますが、同時に雑益として損害賠償金5,000万円も計上することになると思われます。

解説

横領に起因する損害賠償請求権について判例をみると、「不法行為による損害賠償請求権については、通常、損失が発生した時には損害賠償請求権も発生、確定しているから、これらを同時に損金と益金とに計上するのが原則であると考えられる」とし、「不法行為による損害賠償請求権については、例えば加害者を知ることが困難であるとか、権利内容を把握することが困難なため、直ちに権利行使(権利を実現)を期待することができないような場合があり得るところである。このような場合には、権利(損害賠償請求権)が法的に発生しているといえるが、未だ権利実現の可能性を客観的に認識することができるとはいえないといえるから、当該事業年

度の益金に計上すべきであるとはいえないというべきである。(最高裁平成4年10月29日第一小法廷判決、裁判集民事166号525頁参照)」とされています。

　さらに「ただし、この判断は、税負担の公平や法的安定性の観点からして客観的にされるべきものであるから、通常人を基準にして、権利(損害賠償請求権)の存在・内容等を把握し得ず、権利行使が期待できないといえるような客観的状況にあったかどうかという観点から判断していくべきである。不法行為が行われた時点が属する事業年度当時ないし納税申告当時に納税者がどういう認識でいたか(納税者の主観)は問題とすべきでない」と判示しています。

　また、法人税基本通達2―1―43《損害賠償金等の帰属の時期》では「他の者から支払を受ける損害賠償金」としており、「従業員や役員は『他の者』である第三者と同列ではない」とも判示しています。

　貴社の損害賠償請求権について、平成21年2月18日の東京高裁の判決も参考に見てみると、本件の使い込みの事実行為については詳細は明らかではありませんが、預金証書の管理や印鑑の管理などがどうなっていたか、役員をどのように騙していたかは明らかではないものの、通常、毎期末預金残高証明書を取り寄せて帳簿残高と照合したり、銀行印や証書の管理をチェックしていれば、容易に発覚することができる行為であると思われます。通常人を基準とすると、各事業年度において、貴社の損害賠償請求権につき、「その存在、内容等把握できず、権利行使を期待できないような客観的状況にあったということは到底できないというべきである」ということになります。したがって、お尋ねのケースでは、損害の発生と同時に損害賠償請求権も認識する必要があると考えられます。

参考法令等

- 平成21年2月18日東京高裁判決
- 平成21年7月10日最高裁棄却不受理
- 法基通2―1―43(損害賠償金等の帰属の時期)

収益計上（損害保険）

Q34 損害保険金と盗難

> 損害保険付きの商品が盗難にあいました。まだ警察に盗難届を提出しただけです。損保会社には保険請求していませんが、期末となりましたので、盗難品期末実地棚卸からは外れているのですが、盗難品の原価は盗難による損害金として特別損失に計上しています。これから保険請求するつもりですが、請求金額査定もあり変動する可能性もありますので、保険請求見込額は現状、収益に計上しなくてもいいでしょうか。

A 保険金請求額は収益計上しなくても大丈夫ですが、盗難品の原価のうち保険等により補填される部分の金額は損金の額に算入されませんから所得として計上することになります。

解説

盗難があった場合は当然損害金が発生するとともに、損害賠償請求権も泥棒に対して発生します。しかし、誰が窃盗犯かわからず、損害賠償金の請求先もわからず回収もおぼつかないのが現状だと考えますが、たまたま、盗難に係る損害保険契約により、盗難品の原価に保険が付保されていると、盗難品の原価相当額を特別損失の戻入れとして計上することになります。

昭和24年6月29日大阪高裁の判決では「損害保険のある商品が盗難にあった場合には、金額が当該事業年度内に確定しなくとも、保険会社に対してその損害補填の請求権があるのであるから、右事業年度末において右商品の仕入れ原価を所得として計上すべきである。」と判決しています。

法人税基本通達2―1―43《損害賠償金等の帰属の時期》においても(注)書きで「当該損害賠償金の請求の起因となった損害に係る損失の額は、保険金又は共済金により補塡される部分の金額を除き」と規定されており、同様な処理を求めています。

参考法令等

●法基通2―1―43
●昭和24年6月29日大阪高裁判決

関連トピック●国税庁質疑応答事例紹介

短期の損害保険契約に係る保険料を分割で支払った場合の
税務上の取扱い

「法人（年1回7月決算）が、20X1年7月20日に損害保険契約（保険期間：20X1年7月20日～20X2年7月19日）を締結し、保険料5,000千円を10回の分割払とし、契約日に第1回分として500千円を支払った場合に、当該契約日の属する事業年度において、保険料の全額（5,000千円）を損金に計上できますか。」との照会については、「保険料の全額を契約日の属する事業年度において損金に計上することはできません。なお、当該事業年度に支払った第1回分の保険料500千円については、継続適用を要件として次の方法のうちいずれかを採用できます。」との回答がなされ、以下の例示が掲げられています。

① 〈借方〉保険料　　164,383円　　〈貸方〉現金預金　500,000円
　　　　　前払費用　335,617円

$$5,000,000円 \times \frac{12日（20X1年7月20日～31日の日数）}{365日} = 164,383円$$

② 〈借方〉保険料　　500,000円　　〈貸方〉現金預金　500,000円

また、上記回答の根拠としては、以下の点が挙げられています。
① 損害保険契約にあってはその契約を締結しただけでは債務が確定したということはできず、保険期間の経過に従って債務が確定すると考えられること。
② 法人税基本通達2-2-14《短期の前払費用》は、当該事業年度に支出した費用のうちまだ役務の提供を受けていない部分についての取扱いを定めたものであり、当該事業年度に支出していない費用のうちまだ役務の提供を受けていない部分の金額の損金計上まで認める趣旨ではないこと（したがって、未払いの4,500千円を損金の額に算入することはできない）。

評価損計上

Q35 ゴルフ会員権の評価損計上

当社ではバブル期に購入したゴルフ会員権を資産に計上しており、その金額は5,000万円ありますが、今回ゴルフ会員権の分割と預託金の一部返還がありました。この場合、返還された預託金1,500万円との差額3,500万円を損金計上しても大丈夫でしょうか。なお、当該ゴルフ場においては今までどおり、会員としてプレーはできます。

  現状、3,500万円の損金計上は認められないと考えられます。

解 説

平成13年2月27日国税不服審判所裁決（裁集№61、403ページ）を見ますと、「預託金制ゴルフクラブの会員権の法的性格は、会員のゴルフ場経営会社に対する契約上の地位であって、会員資格に基づくゴルフ場施設の優先的利用権（施設利用権）、入会とともに預託された預託金の返還請求権（預託金返還請求権）、所定の年会費等の支払義務等の権利義務を内容とする法律関係であると解され、この預託金返還請求権は、一定の据置期間経過後において、退会を条件にゴルフ場経営会社に対して預託金の返還を請求しうる権利であると解される。」とし、また、預託金制ゴルフクラブの会員権は「ゴルフ場施設の優先的な利用権を内容とするものであるから、減価償却資産以外の無形固定資産に該当し、本件ゴルフ会員権の取得価額は、本件入会登録料及び本件預託金の合計額である。そして、本件ゴルフクラブを退会した場合には、返還を受けることのできない本件入会登

録料は、退会をした日の属する事業年度において損金の額に算入されることになる。」ことから、会員としての地位を有したままの状態では、損金に算入することは認められないと裁決しています。

施設利用権という無形固定資産であるため、施設を利用できる限り貸倒れや法人税法第33条に規定する評価損の計上については認められないという結果になります。

ただし、退会して預託金が返還請求権になれば、金銭債権としての取扱いになりますので、場合によっては貸倒引当金や貸倒れの計上が可能となり破産して清算結了などになれば、回収できない部分は損金に計上ができます。転売してしまえば、そのときに譲渡損益を計上することになります。

参考法令等

- 法法第22条、第33条（棚卸資産の売上原価等の計算及びその評価の方法）、第52条
- 法令第28条（棚卸資産の評価の方法）、第68条
- 法基通9—6—1、9—7—12（資産に計上した入会金の処理）
- 平成13年2月27日審判所裁決

一括費用計上

Q36 信用保証料の一括費用計上

当社は借入期間5年で5年後に元金一括返済の条件で融資を受けた際、信用保証協会へ60万円の信用保証料を支払いました。この60万円を一時の損金として計上したいのですが、問題ありませんか。

A お尋ねの60万円は5年分の保証料の前払いと考えられますので、損金算入分を当期と前期分とを期間按分する必要があります。期首に融資を受けていれば、12万円が当期の保証料として費用計上ができますが、60万円を一括で損金計上することはできません。

解 説

協会による信用保証がされるのは、融資を受けてから完済されるまでの期間について、融資先に対して信用保証協会が信用保証するものですので、保証行為は5年間継続して有効に成立しているものと認められます。このことから、信用保証料は、一定の契約に従い継続して役務の提供を受けるために支出した費用になります。この点、平成19年2月27日国税不服審判所裁決（裁集№73、353ページ）でも「信用保証料は一定の契約に従い継続して役務の提供を受けるため支出した費用に当たるところ、本件各信用保証料には、本件各事業年度末において未経過の保証期間に係るものがあるので、本件各信用保証料の額うち未経過期間に対応する額は、前払費用として経理処理することが相当である。そして、上記前払費用として経理処理すべき額は、その支払日から1年以内に提供を受ける役務に係るものではないことから短期の前払費用には当たらず」として支払い時に

一括損金の計上はできないとしています。

　また、法人税基本通達2―2―14にも基本的な取扱いとして「前払費用（一定の契約に基づき継続的に役務の提供を受けるために支出した費用のうち当該事業年度終了の時においてまだ提供を受けていない役務に対応するものをいう。（中略））の額は当該事業年度の損金の額に算入されないと」規定されています。

参考法令等
●法法第22条
●法基通2―2―14
●平成19年2月27日審判所裁決

交際費処理

Q37 建物取得価額に含めた交際費

本社屋建築のため、近隣の自治会役員を接待してその費用20万円を建物の建設仮勘定に計上していました。期末に税理士からこの費用は交際費だから、交際費の額に加算し限度計算の上、超過額は所得に加算すべきものであるといわれましたが、まだ、当社は交際費を損金に入れていません。大丈夫でしょうか。

A 建物仮勘定に計上され建物の取得価額に算入される予定の交際費で損金に算入されていないものも、交際費の損金不算入限度計算に含めて交際費の損金不算入額を算出することになります。

解 説

租税特別措置法通達61の4(1)—24に、

「(1) 取得価額に含まれている交際費等で当該事業年度の損金の額に算入されていないものであっても、支出の事実があった事業年度の交際費等に算入するものとする。

(2) 交際費等の支出の事実のあったときとは、接待、供応、慰安、贈答その他これらに類する行為のあったときをいうのであるから、これらに要した費用につき仮払又は未払等の経理をしているといないとを問わないものとする。」

と規定されていますので、損金の額に算入されていない交際費であっても限度計算の対象とする必要があります。

参考法令等

●措法第61条
●措通61の4⑴—24（交際費等の支出の意義）

費用計上(修繕費)

Q38 部品交換の資本的支出と修繕費

　このたび、5年前に300万円で取得した機械装置の主要な部品であるモーターを交換し、新型モーターを導入する修繕を行いました。モーターは節電仕様で、馬力も向上し省エネにもなるすぐれものですが、55万円で60万円以下の修繕なので、当期の費用に全額計上しようと考えています。処理は適切でしょうか。

　新型モーターの導入は資本的支出になりますので、全額修繕費に計上することはできません。

解説

　今までと同じタイプのモーターの交換であっても機械本体の使用可能期間を延長させるような主要な機械部品であるモーターであれば、修繕費で処理することは認められません。60万円以下でありますので、貴社の見解のとおり修繕費で処理できそうに思われますが、60万円の基準は、資本的支出であるか修繕費であるか明らかでない金額がある場合であって初めて適用できる基準であり、お尋ねのケースのように省エネ性能、馬力等の向上したものと取り替えた場合は明らかに資本的支出ですから適用がなく、修繕費として損金算入は税務上は認められません。すなわち、今回はさらに性能の良い新型モーターの導入交換ですので、新型モーター取り換え費用は資本的支出として処理し、取り換えに伴う旧モーターの残存帳簿価額を除却損として処理することになります。

　モーターのコイルの全部巻き替えなどであれば明らかに修繕費になりま

すが、交換はそれ自体で耐久性を増すものと判断されます。

他に資本的支出に該当する例示として法人税基本通達7―8―1では、
① 建物の避難階段の取付等物理的に付加した部分に係る費用の額
② 用途変更のための模様替え等改造または改装に直接要した費用の額
③ 機械の部分品を特に品質または性能の高いものに取り替えた場合のその取替えに要した費用の額のうち通常の取替えの場合にその取替えに要すると認められる費用の額を超える部分の金額

などの規定があります。

また、法人税基本通達7―8―3の(注)書きには、「本文の『同一の固定資産』は、一の設備が2以上の資産によって構成されている場合には当該一の設備を構成する個々の資産とし」と規定されており、当該モーターが機械設備の中の構成内容の一つであれば、モーターを取り替えたことですから新規取得と除却損の取扱いになります。

参考法令等
- 法基通7―8―1（資本的支出の例示）、7―8―3（少額又は周期の短い費用の損金算入）、7―8―4（形式基準による修繕費の判定）
- 法令第132条（資金的支出）

所得調整

Q39 期末に消耗品の大量購入

当社は資本金3,000万円の同族法人です。今般利益が3,000万円出ることが判明したので、製造過程で使う消耗品や本社で使う事務用消耗品をできる限り購入して、期末までに引渡しを受け、1,000万円を費用として計上し、所得金額を2,000万円に圧縮して節税したいと思っているのですが、大丈夫でしょうか。

 税務調査を受ければ、購入した期末の消耗品の在庫はすべて資産に計上するように指摘されます。

解説

法人税基本通達2—2—15によれば、購入した時に消耗品費として費用計上ができるのは、「各事業年度ごとにおおむね一定数量を取得し、かつ、経常的に消費するものに限る。」との条件が付いていますので、貴社が期末に1,000万円の消耗品を購入したのが当該条件に該当していなければ、費用計上は認められないことになります。

したがって利益調整するために期末だけ大量の消耗品を購入しても、費用にならないのであれば節税効果はありません。また、これらの処理は、管理会計で予算制度がある会社では各部署が予算消化のために悪用する方法でもあり、経理を預かっている部署がこのようなことを行っていては社内のコンプライアンスとコーポレートガバナンスは絵に描いた餅になってしまいますので気を付けたいものです。

参考法令等

●法基通2—2—15

関連トピック●最高裁判所判決に基づく延滞税計算の概要等

国税庁は、平成26年12月12日に申し渡された最高裁判所の判決において、
① 納税者が相続税を法定納期限内に申告及び納付をした後、その申告に係る相続税額が過大であるとして更正の請求をした場合において、その後、
② 所轄税務署長において、相続財産の評価の誤りを理由に減額の更正処分をした後
③ 再び相続財産の評価の誤りを理由に当初の申告額に満たない増額の更正処分をしたとき（以下「本件事例」という）は、相続税の法定納期限の翌日から増額の再更正により納付すべき本税の納期限までの期間については、延滞税は発生しない

との判断が示されたことを受け、本件事例と同様に、当初の申告及び納付が法定納期限内に行われ、財産の評価誤り等を理由に減額の更正処分をした後、同様の事由について課税庁の判断を変更し、当初の申告額に満たない増額の再更正処分または税務調査に基づく修正申告（以下「増額の再更正処分等」という）をした事案が確認された場合には、過去になされた増額の再更正処分等により納付された本税に対する延滞税を再計算し、納め過ぎとなっている延滞税について還付手続きを行うこととしました。

なお、還付手続きにかかる延滞税は、還付請求権の消滅時効が完成する前の過去5年間（平成21年12月12日以後）に納付された延滞税、また、税務署及び国税局における本件事例と同様の事案の確認作業については、平成27年1月末を目途として行い、同様の事案と確認された後は速やかに還付手続きまでを行うとしています。

今後、本件事例と同様の事案が生じた場合、増額の再更正処分等により納付すべき本税については、上記最高裁判所の判決に基づき延滞税を計算することとなります。

（最高裁が示した延滞税が発生しない理由）

本件事例の場合、国税通則法第60条第1項第2号において延滞税の発生が予定されている延滞と評価すべき納付の不履行による未納付の国税に当たるものではないというべきであるから、増額の更正処分により納付すべき本税の額について、相続税の法定納期限の翌日から増額の更正処分の納期限までの期間に係る延滞税は発生しないものと解するのが相当である。

収益未計上

Q40　リベートの未計上

　決算締め後の1か月後に、仕入先からリベートの支払通知書が来ました。
　通知書には期中の協定書に基づき割戻金が300万円になること、その計算式と支払いが翌月になるとの明細が添付されてきましたが締め後であったこともあり、無視しておこうかと考えていますが大丈夫でしょうか。

A　通知書に協定書に基づく旨の記載があり、協定書上計算式も明示されていることから、当該仕入先からのリベートは法人税基本通達2—5—4の(1)に規定する仕入割戻しと想定されますので、収益の計上は商品を購入した事業年度に計上すべきものと認められます。

解　説

　仕入割戻しは通知が決算期末までに届かないことが多いものですが、あらかじめ仕入先との約束で算定方法等が決まっている場合は、通知書が届かなくてもその額が計算できますから購入した事業年度に計上する必要があります。
　経理サイドでは仕入先との協定を把握しきれないこともありますので、仕入担当者との情報交換が重要です。法人税基本通達2—5—4には、「購入した棚卸資産に係る仕入割戻しの金額の計上の時期は、次の区分に応じ、次に掲げる事業年度とする（昭55直法2—8「九」、平12課法2—7「六」により改正）。

(1) その算定基準が購入価額又は購入数量によっており、かつ、その算定基準が契約その他の方法により明示されている仕入割戻し　購入した日の属する事業年度
(2) (1)に該当しない仕入割戻し　その仕入割戻しの金額の通知を受けた日の属する事業年度」

と規定されていますので、上記(1)に該当する場合は収益計上しなければならず、計算が大変な場合は仕入先に金額を問い合わせることも必要かと考えます。

また注意したいことは、飛越しリベートの関係です。仕入先が商社などの場合、メーカーとの協議で直接の仕入先ではなくメーカーからリベートが来ることがあります。当然に仕入先より連絡は遅れる場合が多いのですが、これらのリベートも上記通達の(1)に該当すれば同様に収益に計上することになりますので注意して下さい。

参考法令等

●法基通2—5—4（仕入割戻しの計上時期）

未払計上

Q41 未払賞与の計上と未払社会保険料の計上

> 期末に未払賞与3,000万円を計上し、従業員に通知しましたので損金に計上しました。その際、社会保険料の会社負担分205万円についても法定福利費として未払いに計上していますが、大丈夫ですか。

 未払賞与の損金計上が認められる場合であっても、社会保険料会社負担額は費用計上できません。

解説

賞与については賞与を受けた月に初めて納付すべき保険料の基本となる標準賞与額（健康保険法第45条）が決まりますので、未払計上した月には賞与に係る保険料の支払債務の発生がありませんので、費用として計上することは認められません。

賞与に係る社会保険料の損金計上時期は、実際賞与を支払った時に債務として確定します。お尋ねのケースでは、翌月に支払っていますので、205万円の未払社会保険料は費用とはなりません。

賞与の支給月に退職したりした人は、健康保険法第156条第3項で、「前月から引き続き被保険者である者がその資格を喪失した場合においては、その月分の保険料は、算定しない。」と規定されており、支払月にすでに退職していたとすると、社会保険料の会社負担はないことになります。

参考法令等

- 法基通9—3—2（社会保険料の損金算入の時期）、2—2—12
- 健康保険法第155条（保険料）、第156条（被保険者の保険料額）
- 厚生年金保険法第81条（保険料）

損金計上

Q42 債権者集会で切り捨て額以上を全額損金に計上

法令上の整理規定によらない関係者の債権者集会で決定した切り捨て額以上の売掛金債権について、いつ返済されるかわからないので全額損金に計上しています。問題ないでしょうか。

A 切り捨てられることとなった部分のみが貸倒損失に計上できることになります。よって、その金額を超える部分の貸倒損失は認められません。

解説

金銭債権について、貸倒れが生じた場合、法人税法第22条第3項の規定により損金に計上できますが、法人税法上の具体的な取扱いについては、法人税基本通達9―6―1において、貸倒れとして処理できる(1)から(4)の事実関係が掲げられている他、9―6―2、9―6―3によることになります。

本件の場合は9―6―1(3)「法令の規定による整理手続によらない関係者の協議決定で次に掲げるものにより切り捨てられることとなった部分の金額」に当たり、

イ 債権者集会の協議決定で合理的な基準により債務者の負債整理を定めているもの

ロ 行政機関または金融機関その他の第三者のあっ旋による当事者間の協議により締結された契約でその内容がイに準ずるもの

に該当すれば、債権者集会にて切り捨てられる売掛債権は損金に算入することができますが、それ以上の債権を損金にすることは認められません。

上記の決定された場合は切り捨てとなる債権は法律上消滅したので、この債権者集会の決定があった日に確定したことになります。損金に計上するときも当然、当該決定日を含む事業年度になります。

なお、参考までに前記9―6―1(3)以外に債権の消滅を事由として損金算入可能な場合及び金額は次のとおりです。

「(1) 更生計画認可の決定又は再生計画認可の決定があった場合において、これらの決定により切り捨てられることとなった部分の金額

(2) 特別清算に係る協定の認可の決定があった場合において、この決定により切り捨てられることとなった部分の金額

(4) 債務者の債務超過の状態が相当期間継続し、その金銭債権の弁済を受けることができないと認められる場合において、その債務者に対し書面により明らかにされた債務免除額」があります。

さらに事実上の貸倒れ、特例として貸倒れを認める9―6―2、9―6―3があります。

参考法令等
●法法第22条
●法基通9―6―1、9―6―2、9―6―3

評価損計上

Q43 借地権設定に伴う土地の評価減

　帳簿価額1億円の土地に借地権を設定し、第三者であるB社から借地権の設定の対価としての3,000万円を収受しましたので、土地の簿価について3,000万円の評価損を下記のとおり計上しました。大丈夫でしょうか。
　なお、土地の現在の評価額（底地分）は1億円です。
記
　　現金預金　　3,000万円　　　雑　益　　3,000万円
　　土地評価損　3,000万円　　　土　地　　3,000万円

　借地権を設定して貸し付けても、その底地の時価が帳簿価額7,000万円を上回っていますので、評価損は認められません。

解説

　借地権を設定して他人に土地を貸したとき、借地権の設定の対価を収受した場合は50％以上の土地の下落があれば、法人税法施行令第138条の適用により、評価損の計上が認められます。

　しかし、借地権の設定に伴う土地の下落率が50％にならなくても、法人税基本通達9−1−18の規定により、「賃貸後の土地の価額（底地部分）が帳簿価額に満たない部分に相当する金額をその賃貸をした日の属する事業年度においてその帳簿価額から減額することができる」旨、規定されています。本件の場合、土地の賃貸後であってもまだ、時価評価額は1億円で帳簿価額を超えておりますので、この規定の取扱いはできません。

また、関係会社などへ無償で土地を賃貸して、税務署に「土地の無償返還に関する届出書」を提出している場合などは、評価損の計上は当然にできません。

> **参考法令等**
- 法令第138条（借地権の設定等により地価が著しく低下する場合の土地等の帳簿価額の一部の損金算入）
- 法基通9—1—18（土地の賃貸をした場合の評価損）、13—1—7（権利金の認定見合わせ）

> **関連トピック●国税庁質疑応答事例紹介**
ゴルフ場について会社更生法の申立てがあった場合のゴルフ会員権に対する貸倒引当金の計上

「ゴルフ場経営会社について会社更生法の規定による更生手続開始の申立ての事実があった場合、会員権を保有する法人は、当該ゴルフ会員権の帳簿価額の50％相当額を個別評価の貸倒引当金に繰り入れることができますか。なお、当該法人は、法人税法第52条第1項第1号イの要件を満たす法人です。」との照会につき、「ゴルフ場経営会社につき会社更生法の規定による更生手続開始の申立てが行われた場合でも、退会により施設利用権が失われない限りゴルフ会員権は金銭債権に該当しませんので、当該会員権の帳簿価額の50％相当額を個別評価による貸倒引当金に繰り入れることはでき」ないと回答されています。

　その理由としては、「金銭債権に係る債務者につき会社更生法の規定による更生手続開始の申立てが行われた場合は、その金銭債権の額の50％相当額を個別評価による貸倒引当金に繰り入れることができることとされています（法人税法第52条第1項、法人税法施行令第96条第1項第3号）。ゴルフ場経営会社について更生手続開始の申立てが行われた場合に、当該ゴルフ会員権についてこの規定が適用されるためには、ゴルフ会員権として処理していたものの全部又は一部が金銭債権としての性格を有するものである必要があり」、「預託金制ゴルフクラブの会員権の法的性格は、会員のゴルフ場経営会社に対する契約上の地位であり、施設利用権、預託金返還請求権、年会費納入義務等を内容とする債権的法律関係であるといわれてい

ます(最高裁判所昭和61年9月11日第一小法廷判決)。会員権に含まれている預託金返還請求権は、一定の据置期間経過後、退会(会員契約の解除)を条件にゴルフ場経営会社に対して預託金の返還を請求し得る金銭債権です。預託金の拠出は、施設利用権を得るために必要不可欠なものとして拠出されるものですから、預託金返還請求権は、施設利用権と一体不可分となってゴルフ会員権を構成する権利であって、施設利用権が顕在化している間は潜在的・抽象的な権利にすぎ」ないとされ、結論として、「ゴルフ場経営会社につき会社更生法の規定による更生手続開始の申立てが行われた場合、更生手続は再建型の倒産処理手続であり、経営の継続を前提としており、会員契約は通常その手続の中では解除されないことからするとゴルフ場経営会社につき会社更生法の規定による更生手続開始の申立てが行われた場合でも、退会しない限りゴルフ会員権は金銭債権としての性格を有しているとはいえませんので、当該会員権の帳簿価額の50%相当額を個別評価による貸倒引当金に繰り入れることはできません。」と示されています。

未払計上

Q44 受け入れている出向者の確定給付企業年金掛金相当額の未払計上

> 出向元法人が確定給付企業年金に加入して掛金を払っていることから、当社（出向先法人）があらかじめ出向社員の同掛金に相当する金額を未払金として計上していますが、問題ないですか。

　確定給付企業年金の掛金相当額の未払計上は認められません。

解説

　確定給付企業年金の掛金は法人税基本通達9―3―1において、「法人が支出する令135条各号《確定給付企業年金等の掛金等の損金算入》に掲げる掛金、保険料、事業主掛金、信託金等又は預入金等の額は、現実に納付（中小企業退職金共済法第2条第5項に規定する特定業種退職金共済契約に係る掛金については共済手帳への退職金共済証紙のはり付け）又は払込みをしない場合には、未払金として損金の額に算入することができない」と規定されています。

　出向元法人が仮に、出向者の同掛金を支払っていたとしても、出向先法人たる貴社が同掛金相当額を支払わないで未払金に計上しても、損金の額に算入はできないことになります。

参考法令等

●法令第135条（確定給付企業年金等の掛金等の損金算入）
●法基通9―3―1（退職金共済掛金等の損金算入の時期）

収益計上（配当金）

Q45 保険会社からの契約者配当金の収益計上

生命保険会社から契約者配当金が入金されましたが、計算通知書を紛失したのでそのまま預り金で処理しています。後で、再発行を依頼してから処理しようと考えていますが、問題はないでしょうか。
なお当社は、支払保険料のうち$\frac{1}{2}$は保険積立金に、$\frac{1}{2}$は損金に計上しています。

　通知を受領していますので、通知を受けた事業年度の益金に計上することになります。

解　説

　支払保険料の一部を損金に計上していますので、保険会社からの契約者配当金については通知を受けた日を含む事業年度に益金に計上することになります。

　法人税基本通達9—3—8では、「法人が生命保険契約（中略）に基づいて支払を受ける契約者配当の額については、その通知（据置配当については、その積立てをした旨の通知）を受けた日の属する事業年度の益金の額に算入する」と規定されています。

　さらに、支払保険料全額が保険積立金として計上されている場合には「当該契約者配当の額を資産に計上している保険料の額から控除することができるものとする。」との規定もありますが、本件ではすべて支払保険料の$\frac{1}{2}$を支払保険料として損金に計上していますので、契約者配当は益金に計上することになります。

参考法令等
●法基通9─3─8(契約者配当)、9─3─4(養老保険に係る保険料)、9─3─6(定期付養老保険に係る保険料)

関連トピック●国税庁質疑応答事例紹介

解約返戻金のない定期保険の取扱い

「法人が自己を契約者及び保険金受取人とし、役員又は従業員を被保険者として次のような内容の定期保険に加入した場合には、被保険者の加入年齢等によっては長期平準定期保険の要件に該当するときもありますが、契約者である法人の払い込む保険料は、定期保険の原則的な処理に従って、その支払時に損金の額に算入して差し支えないでしょうか。
(定期保険の内容)
1　保険事故及び保険金
　　・被保険者が死亡した場合　死亡保険金
　　・被保険者が高度障害状態に該当した場合　高度障害保険金
2　保険期間と契約年齢

保険期間	加入年齢	保険期間	加入年齢
30年満了	0歳から50歳まで	75歳満了	0歳から70歳まで
70歳満了	0歳から65歳まで	80歳満了	0歳から75歳まで

3　保険料払込期間
　　保険期間と同一期間(短期払込はない)
4　払戻金
　　この保険は掛捨てで、いわゆる満期保険金はありません。また、契約失効、契約解除、解約、保険金の減額及び保険期間の変更等によっても、金銭の払戻しはありません。
　　(注)　傷害特約等が付された場合も解約返戻金等の支払は一切ありません。」
との照会事案に対して、「契約者である法人の払い込む保険料は、その支払時に損金の額に算入する」と回答されています。
　また、その理由として、以下の2点が示されました。
　①　定期保険の税務上の取扱い
　　「定期保険は、養老保険と異なり満期返戻金や配当金がないことから、その支

払保険料については、原則として、資産に計上することを要せず、その支払時に支払保険料、福利厚生費又は給与として損金の額に算入することとされています（法人税基本通達9-3-5）。

ただし、定期保険といっても、保険期間が非常に長期に設定されている場合には、年を経るに従って事故発生率が高くなるため、本来は保険料は年を経るに従って高額になりますが、実際の支払保険料は、その長期の保険期間にわたって平準化して算定されることから、保険期間の前半において支払う保険料の中に相当多額の前払保険料が含まれることとなります。このため、例えば、保険期間の前半に中途解約をしたような場合は、支払保険料の相当部分が解約返戻金として契約者に支払われることになり、支払保険料を支払時に損金算入することに課税上の問題が生じます。

そこで、このような問題を是正するため、一定の要件を満たす長期平準定期保険の保険料については、保険期間の60％に相当する期間に支払う保険料の2分の1相当額を前払保険料等として資産計上することとされています（平成8年7月4日付課法2-3、平成20年2月28日付課法2-3による改正後の昭和62年6月16日付直法2-2『法人が支払う長期平準定期保険等の保険料の取扱いについて（通達）』参照）。

(注) 長期平準定期保険とは、その保険期間満了の時における被保険者の年齢が70歳を超え、かつ、当該保険に加入した時における被保険者の年齢に保険期間の2倍に相当する数を加えた数が105を超えるものをいいます」。

② 解約返戻金のない定期保険の取扱い

「本件の定期保険についても、加入年齢によっては、上記の長期平準定期保険の要件に該当する場合がありますが、当該定期保険は、その契約内容によると、支払保険料は掛捨てで、契約失効、契約解除、解約、保険金の減額及び保険期間の変更等があっても、一切解約返戻金等の支払はなく、純粋な保障のみを目的とした商品となっています。

したがって、当該定期保険については、保険料の支払時の損金算入による税効果を利用して、一方で簿外資金を留保するといった、課税上の問題は生ずることもなく、また、長期平準定期保険の取扱いは本件のような解約返戻金の支払が一切ないものを対象とする趣旨ではありません。

このため、本件定期保険については、長期平準定期保険の取扱いを適用せず、定期保険の一般的な取扱い（法人税基本通達9-3-5）に従って、その支払った保険料の額は、期間の経過に応じて損金の額に算入して差し支えないものと考えられます」。

低額譲渡

Q46 役員への土地低額譲渡

> 役員に会社所有の土地を（簿価5,000万円）を6,000万円で売却しました。
> 後で、不動産鑑定士に確認したところ、その土地は時価が1億円であるといわれましたが、利益も出ているので、そのままにしました。大丈夫でしょうか。

A 時価と譲渡額との差額は役員への賞与と認定され、定期同額給与とはなりませんので、差額4,000万円については所得金額に加算されます。一方、役員の方は賞与として源泉徴収されます。

解 説

法人税法第22条第2項には「内国法人の各事業年度の所得の金額の計算上当該事業年度の益金の額に算入すべき金額は、別段の定めがあるものを除き、資産の販売，有償又は無償による資産の譲渡又は役務の提供、無償による資産の譲受けその他の取引で資本等取引以外のものに係る当該事業年度の収益の額とする。」と規定されています。

有償または無償による資産の譲渡については、平成7年12月19日最高裁判決でも「法人が資産を他に譲渡する場合には、その譲渡が代金の受入れその他資産の増加を来すべき反対給付を伴わないものであっても、譲渡時における資産の適正な価額に相当する収益があると認識すべきもののことを明らかにしたものである」と判示しており、譲渡時における資産の適正な価額と帳簿価額との差額を収益として計上しなければならないことを

明らかにしています。

　よって、適正な評価額（時価）と役員への譲渡価額との差額については、収益として認識するとともに、同者への臨時の給与として課税され、定期同額給与以外の給与として費用計上が認められず、法人所得に加算されることになります。

　一方、低額譲渡を受けた役員に対しては法人税基本通達9—2—9に規定する「役員等に対して所有資産を低い価額で譲渡した場合におけるその資産の価額と譲渡価額との差額に相当する金額」として、給与を支給したと同様の経済的効果をもたらすものとして源泉徴収の対象とされます。

参考法令等
- 法法第22条第2項、第34条
- 法基通9—2—9（債務の免除による利益その他の経済的な利益）
- 平成7年12月19日最高裁判決

未払計上

Q47 役員報酬の締め後分の未払計上

　従業員については給与の締日が毎月20日で支給日が月末となりますので、決算月の残りの10日分については未払いで計上しようとしています。
　また役員報酬についても20日締めの支払日が月末ですから、締め後の未払分を未払報酬として計上しましたが問題ありませんか。

　役員分の計上は認められません。

解　説

　役員も従業員も20日締め月末払いの給与支払いとなっているとのことです。従業員については締め日から月末までの期間は労務の提供が期末までに完了していますので、給与として当期の損金の額に計上することは問題ありません。

　しかし、役員報酬については雇用契約ではなく委任契約であり、委任行為としての委任事務の履行の対価たる報酬はその委任期間、本件のように月単位の報酬の支払いであればその期間（月）が経過することによって、報酬請求権が成立するのであって（民法648②、624②）、月の途中で委任行為が遮断され、翌月分の報酬請求権が月の後半部分について生じているとして未払報酬を計上することは、役員としての委任事務が月単位で行われている法律関係と相容れず、委任行為に対する履行の対価たる報酬請求権の表裏である債務がまだ生じていないものを未払いに計上することにな

ることから、法人税基本通達2―2―12に規定する「当該事業年度終了の日までに（当該費用に係る）債務が確定しているもの」の条件を満たしていないこととなり、損金に計上することはできないことになります。

また役員報酬は月単位で報酬請求権が発生することを前提とすれば、月半ばの締め日はあり得ず、当該月のいずれかの日にその月分が支払われれば未払分はないことになります。

なお、民法第648条第2項に「受任者は、報酬を受けるべき場合には、委任事務を履行した後でなければ、これを請求することができない。」と規定され、同法第624条第2項に「期間によって定めた報酬は、その期間を経過した後に、請求することができる。」とあります。

参考法令等

●法基通2―2―12
●民法第648条（受任者の報酬）第2項、第624条（報酬の支払時期）第2項

低額譲渡

Q48 一般社団法人への低額自己株譲渡

　一般社団法人を設立して利用すると安定株主対策として有効であると聞き、当社の自己株式（時価は帳簿価額の倍ぐらい）を社長が設立した一般社団法人（Aという）に持ってもらいたいと考えています。帳簿価額での譲渡を考えていますが、問題ないでしょうか。

A　一般社団法人へ財産を移転する際は、適正時価による譲渡でなければなりません。ご質問の場合、自己株式となっている貴社株式を時価を下回る金額で一般社団法人に譲渡すると、一般社団法人は、時価と取得価額との差額について受贈益を計上することになります。

解説

　法人税法第22条第2項「内国法人の各事業年度の所得の金額の計算上当該事業年度の益金の額に算入すべき金額は、別段の定めがあるものを除き、資産の販売、有償又は無償による資産の譲渡又は役務の提供、無償による資産の譲受けその他の取引で資本等取引以外のものに係る当該事業年度の収益の額とする。」とされています。貴社の場合、自己株式を処分することによって行われる行為は上記の法人税法上の資本等取引に該当しますが、時価より安い帳簿価額で株式を取得した一般社団法人Aは本件株式取得という取引に関係したことにより生ずる収益であることから、時価と帳簿価額との差額について受贈益を計上することになります。そもそも貴社が保有していた自己株式を時価より安い価額で処分する行為は、他の貴社の株主の持分が減少して他の株主から一般社団法人Aにその減少し

た持分が移転したものといえることから、上記 *Answer* の結論になります。

上記取引と同様な案件で判決や裁決事例はありませんが、関連する判決で平成22年12月15日東京高裁の判決では「法人税法22条2項が『取引に係る収益の額』と規定し、『取引による収益の額』としていないのは、取引自体から生ずる収益だけでなく、取引に関係した基因から生ずる収益を含む意味であるから、新株発行会社と新株主との間に経済的利益の移転がない場合であっても、有利発行により経済的利益を得ていれば、当該収益が益金を構成することになる。」としています。

参考法令等
- 法法第22条第2項、第3項、第5項
- 法令第119条（有価証券の取得価額）第4項
- 法基通2―3―9（通常要する価額に比して有利な金額で新株等が発行された場合における有価証券の価額）
- 平成24年5月8日最高裁不受理決定
- 平成22年12月15日東京高裁判決
- 平成22年3月5日東京地裁判決

交際費処理

Q49 建物建築したときの上棟式の費用の処理

当社は平成26年12月に本社を新築しました。その際、上棟式を行い地域の神社の神主に祈祷してもらったので、その謝金として20万円を支払い、これを雑費に計上し、上棟式において支出した費用30万円を交際費として計上しています。この処理で問題ないでしょうか。

A 雑費として計上した20万円と交際費として計上した30万円の合計50万円については建物の取得価額になります。なお、交際費30万円の経理処理については**Q37**を参照して下さい。

解 説

建物を建築したときの建物の取得価額には、法人税法施行令第54条第1項にて「自己の建設、製作又は製造（以下この項及び次項において「建設等」という。）に係る減価償却資産」として、次に掲げる金額の合計額が規定されています。

① 当該資産の建設等のために要した原材料費、労務費及び経費の額
② 当該資産を事業の用に供するために直接要した費用の額

建設会社に支払った建設費、設計会社に支払った設計費、上棟式の費用や御祓いの費用もこの①の中に含まれます。

ただし、建物落成、操業開始等に伴って支出する記念費用等のような減価償却資産の取得後に生ずる附随費用の額は、当該減価償却資産の取得価額に算入しないことができます（法基通7—3—7）。

なお、参考までに同上通達では「工場、ビル、マンション等の建設に伴つて支出する住民対策費、公害補償費等の費用（中略）の額で当初からその支出が予定されているもの（毎年支出することとなる補償金を除く。）については、たとえその支出が建設後に行われるものであつても、当該減価償却資産の取得価額に算入する。」と規定されています。

参考法令等
- 法令第54条（減価償却資産の取得価額）第1項
- 法基通7―3―7（事後的に支出する費用）

関連トピック●国税庁質疑応答事例紹介

収用事業の施行に伴い残地上の施設の撤去新設をした場合の取扱い

　「A石油㈱が有するガソリンスタンドの敷地の一部が道路用地として収用され、これに伴い、残地内において既存の給油施設を取り壊し、位置を動かして同一機能の給油施設を新設する工事が必要となりました。これについて、起業者から新設工事費用に充てるための補償金を取得しましたが、対価補償金として収用等の場合の課税の特例の適用が認められますか。」との照会事案について、「買収されない部分の土地の上に存する施設の取壊し補償金は、対価補償金には当たりませんから、これについて収用等の場合の課税の特例の適用はありません。しかし、当該給油施設の取壊し及び新設は公共事業の施工に伴って不可避的に生じたものであり、かつ、新設する給油施設は従来の給油施設と機能的にも同一であって、A石油㈱に積極的な利益が生じたとは認められないことに鑑み、収用等に伴う地域外の既存設備の付替え等に要する経費の補償金の取扱い（租税特別措置法関係通達（法人税編）64⑵―12の2）に準じ、本件の補償金の全額を新設する給油施設の取得に充てている場合には、新設する給油施設につき当該補償金の額から従来の給油施設の取壊し損失の額を控除した残額の範囲内で、損金経理により帳簿価額を減額することが認められます。」との回答がされています。

　（注）　従来の給油施設の取壊し損失の額は、従来の給油施設の帳簿価額からその処分（見込）価額を控除して計算。

寄附金処理

Q50 親会社が子会社の業務遂行維持のため貸付金を一部免除した場合、寄附金以外の損金として処理

　当社の100％子会社A社は××調査業の登録更新を控えています。A社のB／S上、更新に必要な純資産額の基準を満たしていないため、このままだと更新ができず営業が不能となります。そこで更新が可能な範囲は500万円ですが、今後のこともあるので、貸付金2,000万円全額を免除したいと思っています。
　この場合の免除額2,000万円は「やむを得ない事情」として、寄附金以外の損金として認められますか。

A　ご質問のケースでは、親会社がする貸付金2,000万円免許のうち1,500万円は一般寄附金となります。したがって、A社が貴社の100％子会社とのことですのでグループ税制により、貴社における一部免除金額は全額損金不算入、A社においては同額の債務免除益を計上すると同時に別表4で同額を益金不算入として減算することとなります。
　ちなみにA社が100％子会社でなければ、貴社は寄附金の損金算入限度額計算をすることとなり、A社においては益金になります。

解説

　親会社が親会社の責任として子会社の債務の引受けその他の損失負担または債権放棄等を行った場合、その負担をしなければ今後より多くの負担が予測される場合には「やむを得ない」ものとしてその損失負担は寄附金に該当しないものとして取り扱われます（法基通9―4―1）。
　しかしその内容は極めて限定的で、子会社の整理・解散等が前提です。よく海外における子会社による事業の撤退等が事例として挙げられます

が、親会社はもとより日本のイメージとしての悪影響が想定される場合等がこれに相当すると判断されるケースが多いと思われます。

したがってご質問の場合、A社の債務超過の状況、親会社に対する影響等が不明ですが、登録更新のための必要以上の貸付金の2,000万円免除のうち1,500万円は、その適用の範囲から判断して貴社からA社への一般寄附金とされます。

なお、「やむを得ない事情」については、税務解釈上議論のあるところです。いわゆる不確定概念と呼ばれている宥恕規定ですが、最新の平成27年2月12日現在の国税庁のホームページ質疑応答事例集では「やむを得ない事情」として具体的な例が、「経営危機に陥っていること」が挙げられています。その経営危機とは「一般的には、子会社等が債務超過の状態にあることなどから資金繰りが逼迫しているような場合」と回答されています。さらに「債務超過等の状態にあっても子会社等が自力で再建することが可能であると認められる場合には、その支援は経済合理性を有していないものと考えられます」となっており、寄附金にならないような場合の大前提として債務超過があり、さらにその支援について経済合理性の判断が加わるものといえます。さらに、この大前提の例外として債務超過でない子会社等の再建等に際して債権放棄等を行う場合として、次のような例示をしています。

「①　営業を行うために必要な登録、認可、許可等の条件として法令等において一定の財産的基礎を満たすこととされている業種にあっては、仮に赤字決算等のままでは登録等が取り消され、営業の継続が不可能となり倒産に至ることとなるが、これを回避するために財務体質の改善が必要な場合

②　営業譲渡等による子会社等の整理等に際して、譲受者側等から赤字の圧縮を強く求められている場合」

以上のような場合は例外的に寄附金課税を受けないことになります。

> **参考法令等**
> ●法基通9—4—1（子会社等を整理する場合の損失負担等）
> ●国税庁ホームページ質疑応答事例集「経営危機に陥っていない子会社等に対する支援」、「債務超過の状態にない債務者に対して債権放棄等をした場合」

交際費処理

Q51 二次会、三次会の費用

交際接待としての事情があれば、二次会・三次会の費用についても税務上認められると解説する書物がありますが、本当に交際費等の処理で大丈夫でしょうか？

A 交際費等の要件である「事業に関係のある者に対する」ことと取引の円滑化に伴う接待であるとの確信があれば別ですが、少なくとも二次会・三次会の費用については自社の参加者に対する給与認定もあり得るとの観点で対応及び処理すべきものと思われます。

解説

　交際費等の支出の相手方は得意先、仕入先その他事業に関係ある者と規定されています。またその対象は直接の取引先はもちろん、間接的な利害関係者、株主、従業員を含み極めて広範囲にわたっています。したがって、ご質問のように従業員も含むことを前提に「一次会は当然に、二次会、三次会も認められるか？」との疑問でしょう。この場合、給与と認定されることがあることをリスクとして認識しておく必要があるでしょう。すなわち税務は、次のようなものは交際費等に含まれず給与となると規定しています。

① 　常時支給される昼食等の費用
② 　自社の製品、商品等を原価以下で従業員に販売した場合の原価に達するまでの費用
③ 　機密費、接待費、交際費、旅費等の名義で支給したもののうち、そ

の法人の業務のために使用したことが明らかでないもの

　すなわち、その接待が法人の業務として必要なものであり、また使用した金額が社会通念上妥当なもので結果として相当かどうかが事実認定対象となります。したがってやみくもに、すべてが会社の交際費等として認められるものではないことを肝に銘じておくことが必要です。

　ご質問は同族会社に多い事例ですが、裁判例（昭56・4・15東京地裁）で代表者一人の飲食費は役員報酬に該当する旨の判決がありますので、くれぐれも注意して下さい。

参考法令等
- 措法第61条の4
- 措通61の4(1)—1（交際費等の意義）、措通61の4(1)—12（給与等と交際費等との区分）、措通61の4(1)—22（交際費等の支出の相手方の範囲）

損金処理（福利厚生費）

Q52 クルーザーの維持経費と免許取得費

　当社（旅行あっせん業）はクルーザーを今期1億円で購入しました。登記登録等は会社名義で行いました。普段はほとんど社長が顧客獲得用に使用しているのが現状ですが、社長から「どこかの節税本で社員に使用させる規程さえ定めておけば、社員使用分の維持経費は福利厚生費となる」といわれました。本当でしょうか？
　また社員にクルーザーの免許を取得させる経費も研修費等の損金処理でいいでしょうか？

A 　クルーザーの使用実績等が福利厚生費としてふさわしいものであったか否かがポイントであり、単に諸規程を整備したとしても、内容によっては給与または交際費等と認定される場合があります。免許取得経費も同様で、取得の必要性が会社業務遂行上不可欠であることが明白でなければ給与課税となると思われます。

解　説

　社内の行事に際して支出されるもので、下記のようなものは交際費等に含まれないものとされています。
① 　創立記念日、国民の祝日、新社屋の落成式等に際して従業員等におおむね一律に社内において供与する通常の飲食の費用
② 　従業員等またはその親族等の慶弔、禍福に際し一定の基準に従って支給される金品の費用

　ご質問のクルーザーの使用にかかる費用が社員の福利厚生費として認められるには、①使用基準が定められていて、②専ら従業員のために使用さ

れた事実があり、③通常要する費用の計算が妥当である等が条件になると思われます。したがって、特定の者だけを対象としていたり、一人当たりの金額が多額になる場合にはその者に対する給与または交際費として課税されます。

すなわち福利厚生費となるには、ふさわしい内容と社会通念上妥当な金額であるかが斟酌されますので、留意して下さい。

また社員のクルーザーの免許取得経費の是非については、①業務上の重要性、②社命によること、③選考基準等に恣意性がないこと等が損金算入の条件とされると思われます。

参考法令等
- 措法第61条の4第3項
- 措通61の4(1)—10（福利厚生費と交際費等との区分）

寄附金処理

Q53 海外子会社への出向者に対する留守宅手当の具体的金額基準

当社は海外勤務者について海外子会社からの現地給与の他に、留守宅手当として国内の本人口座に振り込んでいます。留守宅における家族内容によって当社なりに定めた基準によっていますが、大丈夫でしょうか？

A 各種情報の集積により、①国別の諸事情、②扶養家族の有無等を勘案し規程を作成し、その内容が妥当と認められる範囲であれば是認されます。ただし、常に海外子会社に対する寄附金認定リスクを考えておくことが大切です。

解説

出向元法人が出向先法人との給与条件の較差を補塡するため、出向者に対して支給した給与の額は出向元法人の損金となります。これには出向先法人が海外にあるため出向元法人が支給する留守宅手当も該当することになっています。ところで、この留守宅手当の基準ですが規程に定めてさえおけば無限に認められるものではありません。厳に当局の調査においては必ずターゲットとなり、「海外子会社への寄附金ではないか？」との視点から規程の内容や金額の適否について説明を求められます。

基本的には、勤務実態がある出向先法人が全額を負担すべきとの前提の中で、海外勤務の諸条件や子会社の経営内容を斟酌して「国内留守宅手当」については給与較差補塡の一環として認められたものと思われます。

具体的には、海外赴任の多い上場会社では同業種間の情報交換や、海外

労務専門のコンサルタントが毎年発刊する国別データ等を参考にして、下記に掲げるような給与等を定めています。

くれぐれも「本来海外子会社が負担すべき給与負担を親会社が留守宅手当を隠れ蓑に過大な負担をしている」との疑念を持たれないよう、毎期適切な見直しと規程に沿った運用をすることが重要です。

記
- (1) 海外支給給与
    - ① 海外勤務給与
    - ② 海外家族手当
    - ③ 海外教育手当
- (2) 国内支給給与
    - ① 留守宅手当（扶養家族の有無・人数を考慮）
    - ② 賞与（賞与の支給慣行のない外国または経営不振で支給できない現地法人の場合）

参考法令等

●法基通9—2—47(注)2

損金計上

Q54 原価割れで従業員に販売した自社製品の処理

当社は全国のデパートに店舗を構え宝飾品を販売しています。今期在庫確認にあたり、過年度製造の製品につき在庫一掃して新展開を図りたいと考えています。製品の性格上、外部に対してディスカウントセールは避けなければブランドイメージが毀損してしまいます。かといって廃棄処理は忍びなく、ついては従業員に希望を募り販売したいと企画しました。この場合、製造原価を下回って販売したものでも上記のような経緯があれば原価との差額は損金として認められると考えますが、いかがでしょうか？

A 実態としてその製品が流行遅れや陳腐化している事実があれば別ですが、少なくともその原価割れ部分に対応する金額はその従業員への給与を支給したことになると思われます。また貴社の事情等によっては、交際費等の認定もあり得ます。

解 説

役員または使用人に対し使用者の取り扱う商品、製品等の値引販売をすることにより、その役員または使用人が受ける経済的利益については、その値引販売が以下に該当する場合は課税されないことになっています。

① 値引販売の価額が、使用者の取得価額以上で、しかも、通常他に販売する価額の70％以上であること。
② 値引率が、役員や使用人の全部について一律に、または役員や使用人の地位、勤務年数等に応じて全体として合理的なバランスが保たれる範囲内の格差により定められていること。

③ 値引販売をする商品等の数量が、一般の消費者が家事のために通常消費すると認められる程度のものであること。

参考法令等

● 法基通9—2—10（給与としない経済的な利益）
● 所基通36—23（課税しない経済的利益…商品、製品等の値引販売）
● 措通61の4(1)—22（交際費等の支出の相手方の範囲）

関連トピック●国税庁質疑応答事例紹介

非常用食料品の取扱い

「当社は、地震などの災害時における非常用食料品（長期備蓄用）としてフリーズドライ食品1万人分2,400万円を購入し、備蓄しました。このフリーズドライ食品は、酸素を100％近く除去して缶詰にしたもので、賞味期間（品質保証期間）は25年間とされていますが、80年間程度は保存に耐え得るものといわれています。このように長期間保存のきくものであっても、購入時の損金の額に算入して差し支えありませんか。

なお、当該食品の缶詰1個当たりの価格は、その中味により1,000円（150g缶）～6,000円（500g缶）です（従来のものは、その品質保証期間が2～3年であるため、当該期間内に取り替え。その取替えに要する費用は、その配備時の損金の額に算入）。」との照会につき、「備蓄時に事業供用があったものとして、その時の損金の額（消耗品費）に算入して差し支えありません。」と回答され、その理由として、以下の4点が示されています。

① 食料品は、繰り返し使用するものではなく、消耗品としての特性をもつものであること。
② その効果が長期間に及ぶものであるとしても、食料品は、減価償却資産（法人税法施行令第13条）または繰延資産（法人税法施行令第14条）に含まれないこと。
③ 仮に、当該食品が法人税法施行令第10条第6号《棚卸資産の範囲》に掲げる「消耗品で貯蔵中のもの」であるとしても、災害時用の非常食は、備蓄することをもって事業の用に供したと認められること。
④ 類似物品として、消火器の中味（粉末または消火液）は取替え時の損金として取り扱っていること。

繰越欠損金

Q55 自社研究施設を SPC に譲渡し損失を計上するスキーム取引の是非

当社は某県に研究施設を保有しています。この施設は取得から20年ほど経過していますが、地価下落で会計士より指摘を受け、土地の取得価額の50％の10億円を減損処理（税務上は有税処理）しています。当社の経営は長年低迷していましたが、今期（平成27年3月期）は業績も大幅に回復したのを機会に、この自社研究施設をSPC（特別目的会社）に譲渡した上リースバックにより従来通り使用したいと思っています。この結果、当該研究施設売却に伴う譲渡損失の計上により、税務上は過去9年にわたる繰越欠損金が有効に利用できる見込みです。

この取引は税務上問題なく認められると思いますがよろしいでしょうか？　なお、SPCの株主（受益権者）は取引先であり管理は当社が行う予定です。

A 当該含み損失のある土地建物を譲渡したといえるか否かがポイントです。譲渡担保に類する性格のものであれば金融としての処理になります。また、SPCに実態があり管理も的確に行われているかも是否認のポイントになると思われます。税務当局は貴社の処理が、「含み損失を実現させ単に繰越欠損金を利用した租税回避行為ではないか？」との観点での調査になりますので、それに対応するだけの根拠や説明が求められます。

解　説

平成12年改正（特定資産の内容が不動産等から資産へ改正）の「資産の流動化に関する法律」により、流動化の対象となる資産は原則すべての資産

が対象となることになりました。したがって、例えば大手ゼネコン等は、これを利用した都市再開発等をSPCを設立して行うことが一般化されるようになっています。

　　　　　　　　＊　　　　　　　　　＊

　税務上は法形式にかかわらず、実態上譲渡したといえるか否かの総合的判断となります。

　SPCを通じて不当な租税回避や粉飾決算が多数横行し、それぞれ国税当局や証券等監視委員会の摘発事例が顕在化していますので留意が必要です。

　なお、平成27年1月14日に公表された平成27年度税制改正大綱において、青色申告法人等の繰越控除制度における控除限度額について段階的に引き上げられることが閣議決定されています。現行控除前所得の100分の80相当額が平成27年4月1日開始事業年度から100分の65相当額、平成29年4月1日以降開始事業年度から100分の50相当額になります。ただし、中小法人等については、現行の控除前所得の100分の100相当額に変更はありません。

参考法令等

- 法法第22条第4項、法法第64条の2（リース取引に係る所得の金額の計算）
- 法基通2—1—18（固定資産を譲渡担保に供した場合）
- 措法第67条の14（特定目的会社に係る課税の特例）
- 平成25年7月19日東京高裁（ビックカメラ事件）

交際費処理

Q56 交際費等の判断基準

> 交際費等の取扱いについて、同じ事業でありながら組織が違うと、法人企業に比して個人事業者に対する税務上の取扱いが厳しいものになっていると思うのですが不公平ではないですか？ 法人には交際費等の限度額があり、個人事業者にはそれがないので個人のほうが有利だと思っていたのですが。

A 個人の支出する接待交際費は基本的には家事上の費用と考えられています。したがって、専ら「業務の遂行上直接必要と認められるもの」しか個人の必要経費には認められません。原則、具体的に事業に直接結びつくものでない限り必要経費とはなりません。その意味では、収益の獲得が目的の法人企業への取扱いに比し厳格になっているといえるでしょう。

解説

　個人事業者が必要経費に算入できるためには経費の主たる部分が事業所得を生ずべき業務の遂行上必要なものであり、かつその必要性を明確に区分できる場合に限り認められることになっています（所令96一）。また個人には交際費等の規定がありません。これに対して法人については、「交際費等とは、交際費、接待費、機密費その他の費用で、法人が、その得意先、仕入先その他事業に関係のある者等に対する接待、供応、慰安、贈答その他これらに類する行為のために要する費用である」と明示されています。

　つまり個人事業者には俗にいう店・（事業関連）と奥・（いわゆる家事関連）

の概念があり、店の費用とするにはそれなりの根拠が要請されます。これに対して法人の場合はもともと個人事業のような奥の概念がないはずであって、すべて店としての前提に立っているといえるでしょう。ただし法人の中でも特に同族色の強い企業は奥の費用までも店に付け替え、税務調査により問題になることがあります。したがって法人の場合でも、このことをよく認識して、「本来個人が負担すべき費用は個人で！」を徹底しなければなりません。

　間違っても個人経費を法人経費にカモフラージュするような行為は不正計算とみなされますので留意が必要です。

参考法令等
●所法第45条（家事関連費等の必要経費不算入等）第1項第1号
●所令第96条（家事関連費）第1号
●措法第61条の4第4項

会計基準の変更

Q57 請負工事における工事進行基準の適用

> 当社は毎期長期大規模工事以外の工事について、2事業年度以上にわたる工事については工事進行基準の方法にて経理し収益に計上しています。しかし、今回長期大規模工事において、大幅な損失が見込まれることから工事進行基準の適用をやめて、工事完成基準にしようかと考えていますが、大丈夫でしょうか。

 下記の要件に該当する長期大規模工事においては、工事進行基準は強制適用となっていますので、選択することはできません。

記

1. 着手の日から目的物の引渡しの期日までの期間が1年以上であること。
2. 請負の対価の額が10億円以上であること。
3. 請負の対価の額の2分の1以上がその工事の目的物の引渡しの期日から1年を経過する日後に支払われることが定められていないものであること。

解 説

　法人税法第64条第1項において、「長期大規模工事の請負に係る収益の額及び費用の額のうち、当該各事業年度の収益の額及び費用の額として政令で定める工事進行基準の方法により計算した金額を、益金の額及び損金の額に算入する。」と規定していますので、選択する余地はありません。

　ただし、当該工事が、上記3条件に該当しなくなった場合は、例えば請

負金額が10億円を下回ることになった場合などは、税法上は工事進行基準を適用しなくても問題はありません（法基通2—4—16）。なお、「その工事について工事進行基準の適用をしないこととしたときであっても、その適用しないこととした事業年度前の各事業年度（その事業年度が連結事業年度に該当する場合には、当該連結事業年度）において計上した当該工事の請負に係る収益の額及び費用の額を既往に遡って修正することはしないのであるから留意」して下さい。

参考法令等

- 法法第64条（工事の請負に係る収益及び費用の帰属事業年度）
- 法令第129条（工事の請負）
- 法基通2—4—16（長期大規模工事に該当しないこととなった場合の取扱い）

繰延資産処理

Q58 借地の整地費用

当社は借地をして設定の対価を支払い、その借地が傾斜地であったことから、地主の了解を得て、整地作業を行いました。作業後、倉庫を建設しようとしています。この費用について法人税法施行令第14条第1項第6号のロ、「資産を賃借し又は使用するために支出する権利金、立ちのき料その他の費用」に該当するものとして、繰延資産として処理をしようと考えていますが、大丈夫でしょうか。

A 借地権の取得価額には法人税基本通達7―3―8の(2)「賃借した土地の改良のためにした地盛り、地ならし、埋立て等の整地に要した費用の額」は借地権の取得価額に含まれるものと規定されていますので、繰延資産で処理することはできません。

解説

借地権の取得は、土地の賃借による活用を前提にしていることが明らかですので、借地権取得の際に支出した借地の活用に必要な費用は上記通達のとおり、取得価額を構成することになります。法人税法施行令第14条第1項のかっこ書きにも「資産の取得に要した金額とされるべき費用」を除くとされています。

参考法令等

- 法法第2条第22号
- 法令第14条
- 法基通7―3―8（借地権の取得価額）

期間費用処理

Q59 携帯電話関係機器の引取り費用

当社は携帯電話関係の機器の納入・設置を行っています。今回主たる取引先から過去に納入した機器を残存簿価で引き取ってもらいたいとの提案があり、競合他社との関係及び今後の取引を考慮し応諾しました。売上高は月数千万円単位にのぼります。引取り機器は中古市場が確立されているわけではありませんのでいずれ廃棄処理をせざるを得ないもので、仕入に計上すれば期末に不良在庫として滞留することになります。この場合、上記の取引実態として引取りに要する費用は売上値引か販売促進費の期間費用の処理でいいと思っていますが、大丈夫でしょうか？

A 少なくとも過年度分にかかる引取り経費は、よほどの合理的理由がなければ寄附金か交際費等として認定されるリスクが高いと思われます。

解説

得意先との契約に、例えば①為替の変動や②部材の値動きの調整を一定の時期に行う等の規定があれば別ですが、いったん正常に成立した取引を修正するためには合理的理由が求められます。つまりその理由とは、例えば①機器に何らかの瑕疵があることが判明した場合、②契約に市場動向を見極め調整する旨の条項がある場合、③不測の事態が発生し商取引上減額措置をすることが相当である場合等が考えられます。

進行年度の取引であれば、相場感で機器の残存簿価相当額での引取りを

売上値引と説明できるケースはあると思われます。それも何らかの契約条項や仮にそれがなくても業界慣行により、例えば為替の動向を基準とした一定の方法が確立していること等が条件になると思われます。したがって、何ら根拠のない過年度売上機器の有償引取りについては、寄附金あるいは交際費等として認定されるリスクがあるといえます。

参考法令等
●法法第37条第1項、第7項
●措法第61条の4第4項

役員給与

Q60 同族会社役員の給与

当社は介護事業用備品を製造している典型的同族会社で、代表者が私で、長男・次男・長男の嫁（以下Aという）がそれぞれ取締役となっています。Aには定期同額で月額50万円の給与を支払っています。このたび、このAが空いている時間を利用し趣味のパン製造販売を自宅において行うため、本人が税務署に事業開始届を提出しました。この場合、Aが今後出社しなくなっても、非常勤取締役に名を連ねている限り、月額50万円の役員給与は従前と同様認められると思っていますが、大丈夫でしょうか？

役員としての業務内容から比し、不相当に高額であるとの認定の場合は損金不算入とされることがありますので、留意が必要です。

解説

役員給与は、①定期同額給与、②事前確定届出給与、③利益変動給与、④使用人兼務役員の使用人部分給与、⑤役員退職給与以外は損金不算入となっています。ご質問の場合、株主総会の決議で支給金額を決定し①の定期同額給与によりAに支払っているものと思われます。

今回Aは他に自己の事業を立ち上げるとのことで、その面では貴社の取締役の傍ら個人事業も営むことになります。貴社の業務とAの業務は会社法でいうところの競合取引や利益相反取引には該当するとはいえません。

懸念されている今後非常勤取締役としての職務を全うしかねる場合の取扱いですが、まず月額50万円が不相当に高額であるとの認定リスクが発

生するものと思われます。取締役としての責任の性格上からゼロの認定は考えにくいものの、業種業態や比較法人の支給状況、その他の諸事情を勘案し、妥当な金額か否かの判断がなされるものと思われます。

役員就任は委任行為とされていますので、報酬の支払いの取り決めがあれば、尊重されることは明らかですが、同族会社では特に、恣意的な高額報酬は過大役員報酬として否認されます。過大かどうかの判定は、
- 当該役員の職務の内容
- 当該法人の収益
- 当該法人の使用人に対する給料の支給状況
- 同種の事業を営む法人でその事業規模が類似するものの役員に対する支給状況

を総合勘案して判定されます。

平成11年1月29日最高裁判決において、就学中の子女を取締役等に就任させて役員報酬を支払ったケースでは、役員として経営に参加してないとの認定の下、月額20万円の役員報酬を全額代表者への過大役員報酬とした判決があります。

平成17年12月19日国税不服審判所裁決（裁集№70、215ページ）では、代表者の母親を非常勤取締役として就任させて、主に従業員からの相談を受けることの職務に対する対価としての役員報酬が過大であるとして、類似法人から適正報酬額、年間118万円（次年度は186万円）を超える部分を過大報酬として認定した裁決があります。

同族会社の代表者の関係者（配偶者や子等親族）に対する役員報酬については、職務の内容により調査では厳しく査定されることを念頭に職務内容が明らかになる資料を揃えておくことも重要です。

> 参考法令等

- 法法第34条
- 平成11年1月29日最高裁判決
- 平成17年12月19日審判所裁決
- 会社法第356条（競業及び利益相反取引の制限）第1項第1～3号
- 平成2年4月6日審判所裁決（裁集No.39、237ページ）

関連トピック●国税庁質疑応答事例紹介

過大役員給与の判定基準

「A社は、その創立総会において、役員給与の年額を総額1億円とすることとし、その各人別内訳は役員会で決定する旨を決議しました。

この決議に伴い、役員会において、甲取締役（代表者）は月額100万円以内、乙及び丙取締役（いずれも非常勤）は月額10万円以内と定めました。その後、役員給与の年額（総額1億円）を改訂せずに甲に対する支給額を増額したため、甲については支給額が1,200万円（100万円×12ヶ月）を超えることとなっていますが、甲、乙、丙の合計額では1億円を超えていません。

この場合において、役員給与が過大であるか否かは、次のいずれによることになるのでしょうか。」との照会に対し、国税庁からは、以下の2点について判定基準が示されました。

① 創立総会決定の1億円を基準として判定する。
② 役員会決定の1,200万円（月額100万円）を基準として、個別で判定する。
（注） A社の常勤役員は、代表者のみ。

また、「創立総会においては支給額の総枠を定め、各人ごとの支給限度額の決定を役員会に一任したのですから、創立総会において各人ごとの支給限度額を定めたものと解されますので、役員会決定による各人ごとの支給限度額を基準として②により判定することになります。」との理由が付されています。

損金計上（退職金）

Q61 退職金の打切支給

　会社の利益が相当出ることが確実になってきたので、退職給与規程を廃止して、今後は退職給与を支給しないことにし、廃止時点での在職者には退職金を打切支給することにしました。支給にあたっては資金が少し足りないので、3分の2を当期に現金支給し残りは翌期に支払うことにしました。税務上、何か問題はありますか？

A　退職給与は、退職という事実により会社が債務を負うものです。したがって、退職という事実があれば規程に基づく退職給与は未払いであっても損金算入は認められますが、退職金制度廃止による打切支給は退職という事実がないにもかかわらず、特例的に損金算入を認めるものですから、支給した日の損金に計上することはできますが、未払いの場合は損金算入が認められません。

　ただし、お尋ねのケースでは、相当の理由による退職給与規程の改定と認められない可能性があり、この場合は、その支給は退職給与の支給とは取り扱われず、臨時の給与、すなわち、賞与の支給と取り扱われますので、原則、現に支給した3分の2が当期の損金に算入され、翌期に支払う3分の1は翌期の損金となります。

　なお、会社にとっては退職給与に当たるか賞与に当たるかは損金算入のタイミングだけの問題ですが、使用人、従業員にとっては退職給与と賞与とでは課税所得に大きな差異が生じますので、制度の改変には細心の注意が必要でしょう。

> 解 説

　お尋ねの趣旨は、いわゆる退職金、退職給与を打切支給した場合の損金算入の時期の問題かと思われますが、支給する金員の性質、つまり退職給与か賞与かにより損金算入の時期が変わってきますので、損金算入時期の問題以前に退職給与とは何かを確認しておく必要があります。

　　　　　　　　　　　＊　　　　　　　　　　＊

　退職給与について法人税法上は特に定義はなく、所得税法第30条の退職所得の定義「退職所得とは、退職手当、一時恩給その他の退職により一時に受ける給与及びこれらの性質を有する給与（以下この条において「退職手当等」という。）に係る所得をいう。」がこれに当たると考えられます。つまり、一般的には退職すなわち雇用（勤務）関係の終了という事実に基づいて支給される給与を指すと考えられ、したがって、退職という事実がなければその給与の支給は退職給与の支給に当たりませんが、実質的にみてこれと同様の事情により支給されるものは退職給与とする扱いもあります（昭和58・9・9最判、昭和58・12・6最判、所基通30—2、30—2の2）。これらの取扱いによっても退職給与とされない場合は、臨時的な支給であることから賞与に当たると考えられます。

　お尋ねのケースは、退職給与規程の廃止によるもので退職による支給ではありませんから、廃止も一種の改定とみて退職給与に該当するか否かは上記最高裁判例及び所基通30—2(1)により判断することになるでしょう。通達では、その改定は「相当の理由」により行われていることが必要であり、「合理的な理由による退職金制度の実質的改変により精算の必要から支払われるものに限られ」ます。相当の理由の例として同通達は、新たな退職給与規程の制定、中小企業退職金共済制度もしくは確定拠出年金制度への移行等を挙げていますが、お尋ねのケースはこれには当たりません。また、当期に制度を廃止したのは当期に利益が出て比較的支払資金に余裕

のあることが理由ですから、資金繰りの都合による制度廃止であり、合理的な理由による制度の実質的改変とはいえません。判例は実質的にみて「退職により一時に受ける給与」と同一に取り扱うことを相当とするものであるかどうかを基準として示していますが、単に資金繰りの都合による制度廃止と支給では、「退職により一時に受ける給与」と同一に取り扱うことが相当とはいえないでしょう。

　したがって、お尋ねのケースの支給は退職給与には当たらず、賞与の支給として取り扱われる可能性が高いといえます。

＊　　　　　＊

　賞与に係る損金算入の時期は、法人税法施行令第72条の3《使用人賞与の損金算入時期》の定めによります。お尋ねのケースの賞与は、同条第3号に当たると思われますので、支払われた日の属する事業年度の損金に算入されます。したがって当期に支払われた3分の2は当期の損金となり、翌事業年度に支払われる3分の1は翌事業年度の損金となります。

　仮に制度廃止に相当な理由、合理的な理由があってお尋ねのケースの支給が退職給与に当たるとした場合は、法人税基本通達9―2―35《退職給与の打切り支給》により損金算入の時期を判断することになります。しかし、未払金等に計上した場合は「打切支給」に含まれないとされていますので、お尋ねのケースのように一部未払いとなる場合は、本通達の取扱いは適用されません。つまり、全額未払いならその全額が支払われた日の、一部未払いなら既払い分は仮払金等とされ、残額が支払われた日の属する事業年度に全額損金に算入されることになるでしょう。この場合、所得税法上は、所得税法施行令第77条《退職所得の収入の時期》により、全額が最初に支払いを受ける日の属する年の収入金額とされますので、年を跨いで支払われるときは、例えば12月決算法人では法人税法上の損金算入時期と所得税法上の収入すべき時期とが一致しないことになりますので注

意が必要です。

　なお、使用人、従業員に対する退職給与の損金算入時期について、法人税法上、特段の定めはありません。したがって、会社が損金算入できる時期は、法人税法の一般原則である法人税法第22条第3項第2号により、「当該事業年度終了の日までに債務の確定」したものかどうかで判定することとなります。具体的には、法人税基本通達2—2—12《債務の確定の判定》によって判定し、損金に算入するには次の3つの要件すべてに該当する必要があります。

① 当該事業年度終了の日までに当該費用に係る債務が成立していること。

② 当該事業年度終了の日までに当該債務に基づいて具体的な給付をすべき原因となる事実が発生していること。

③ 当該事業年度終了の日までにその金額を合理的に算定することができるものであること。

　そこで、使用人・従業員に対する退職給与の債務確定についてみると、退職給与規程があって規程に該当する退職の場合は、退職により債務は成立し、退職という具体的な給付をすべき原因となる事実があって、規程に基づいて（合理的に）金額を算定することができるので、退職給与の支給債務は確定しているといえるでしょう。つまり、退職給与規程が定められており規程に定める退職という事実があれば債務は確定しており、その規程に基づいた退職給与の額は損金に算入できることになります。この場合、債務が確定していますので、たとえ決算期末に未払いであっても損金の額に算入できることになります。

　次に、使用人・従業員について退職という事実がないにもかかわらず、実質的にみてこれと同様の事情にあると認められるために退職給与とされる場合の損金算入時期の扱いについては法人税基本通達9—2—35《退職

給与の打切り支給》に取扱いが明らかにされており、一定の場合には支給した事業年度の損金となります。ただし、この取扱いにおける「打切支給」には未払金等に計上した場合は含まれないとされています。

一定の場合とは、次の要件すべてに該当する場合です。

① 中小企業退職金共済制度または確定拠出年金制度への移行、定年の延長等に伴う退職給与規程の制定または改正であること。
② 退職給与を打切支給した場合において、その支給をしたことにつき相当の理由があること。
③ その後は既往の在職年数を加味しないこととしていること。

なお、本通達の(注)書の趣旨については「損金算入を特例的に認める場合、金銭の支給が行われていることを要件とすることが適当と考えられたことから、あえて注書きで、未払の場合の損金算入を規制したもの」と考えられています（平成18・6・13東京高判）。

*　　　　　　　*

〈昭和58年9月9日最高裁判決〉

「ある金員が、右規定にいう『退職手当、一時恩給その他の退職により一時に受ける給与』にあたるというためには、それが、(1)退職すなわち勤務関係の終了という事実によつてはじめて給付されること、(2)従来の継続的な勤務に対する報償ないしその間の労務の対価の一部の後払の性質を有すること、(3)一時金として支払われること、との要件を備えることが必要であり、また、右規定にいう『これらの性質を有する給与』にあたるというためには、それが、形式的には右の各要件のすべてを備えていなくても、実質的にみてこれらの要件の要求するところに適合し、課税上、右『退職により一時に受ける給与』と同一に取り扱うことを相当とするものであることを必要とすると解すべきである。」

〈昭和58年12月6日最高裁判決〉

「一般的には、退職すなわち勤務関係の終了という事実によってはじめて給付されるものがこれに当たるのであるが、形式的にそうした事実がみられないものであっても、実質的にみて上記の『これらの性質を有する給与』に該当する場合には退職所得に該当することとされている」

〈平成18年6月13日東京高裁判決〉

「法人税基本通達9―2―24（退職給与の打切支給）（注：現9―2―35)は、退職給与の打切支給について、相当の理由があり、かつ、支給後は既往の在職年数を加味しないことを条件に特例的に損金算入を認めたものであり、同通達は、打切支給がいわば『退職金の前払』であるにもかかわらず、所得税法上、それを退職給与として課税しないと使用人（被用者）にとって非常に酷となることから定められたものであって、損金算入を特例的に認める場合、金銭の支給が行われていることを要件とすることが適当と考えられたことから、あえて注書きで、未払の場合の損金算入を規制したものと解される。」

参考法令等
- 所法第30条
- 所令第77条（退職所得の収入の時期）
- 法令第72条の3（使用人賞与の損金算入時期）
- 所基通30―2（引き続き勤務する者に支払われる給与で退職手当等とするもの）、30―2の2（使用人から執行役員への就任に伴い退職手当等として支給される一時金）
- 法基通9―2―32、9―2―35（退職給与の打切り支給)、9―2―36（使用人が役員となった場合の退職給与）、9―2―37（役員が使用人兼務役員に該当

しなくなった場合の退職給与)、9—2—38(使用人から役員となった者に対する退職給与の特例)
- 昭和58年9月9日最高裁判決
- 昭和58年12月6日最高裁判決
- 平成18年6月13日東京高裁判決

利益調整(海外子会社)

Q62 低税率国に子会社を設立して、利益をプールし親会社に配当するスキーム

　低税率国に実体のある子会社を設立して利益をプールし、親会社である当社に配当として利益を回収すれば、当社の税負担を軽減できると聞いたのですが問題はありませんか。

A　低税率国に(現行トリガー税率20％以下。ただし、平成27年1月14日閣議決定された平成27年度税制改正大綱では20％未満になるとの指針が示されています)子会社を設立して利益をプールするとしていますが、利益の源泉が何かにより必ずしも親会社である貴社の税負担が軽減できるとは限りません。子会社が実体のある事務所、店舗、工場その他の固定施設を有して、かつ、その事業の管理、支配及び運営を自ら行っていても利益をプールしていれば親会社で税負担が生じることがあります(措法66の6③、④)。単純に税負担のみを考えて、海外子会社を低税率国に設立しても何のメリットもないことを基本として理解して下さい。

解　説

　税務調査では、低税率国に子会社がある場合で当該子会社の所得の合算がされていない法人については、徹底した調査を行います。
　そこで、合算課税が適用除外になった理由について、利益の源泉や子会社の現地での状態を聴取するとともに、必要によっては、当該職員を派遣して事実確認や租税条約を行使しての情報交換制度などを利用した事実認定を行い、課税要件の判定をすることになります。
　合算課税が適用除外となるためには、

① 事務所、店舗、工場その他の固定施設を有してかつ、その事業の管理、支配及び運営を自ら行っていること。
② 事業統括会社であること。
・業種が卸売業、銀行業、信託業、金融商品取引業、保険業、水運業または航空運送業でその事業の内容が一定の条件に該当する場合
・不動産業、物品賃貸業及び前記業種以外の業種で本店所在地国において主にとして当該事業を行っている場合

を満たしていることが必要です。

さらに、以上に該当しても、その適用対象金額の中に一定の特定所得の金額（剰余金の配当、債券の利子、株式の譲渡所得や特許権の使用料収入等の特定所得）がある場合は部分課税対象所得として合算課税の対象になります。

これらの事実認定の過程で、節税目的である海外子会社は合算課税の対象として判定されることになります。当然に節税目的以外でも、上記適用除外要件に該当しなければ低税率国にある海外子会社は合算課税の対象になることもありますので、仮に海外子会社を保有する場合は、低税率国かどうかも含めて見直す必要があります。平成24年1月25日国税不服審判所裁決では、本税制が「『租税回避行為がある場合』といった要件まで要求していないことは、条文の文言上、明らかである」と裁決しています。

＊　　　　＊

平成4年7月17日の最高裁判所の判決では、海外子会社の管理支配基準について「重要な意思決定機関である株主総会及び取締役会の開催、役員の職務執行、会計帳簿の作成及び保管等が本店所在地国で行われているかどうか、業務遂行上の重要な事項等を当該子会社が自らの意思で決定しているかなどの諸事情を総合的に考慮し」、「親会社から独立した企業としての実体を備えて活動しているかどうか」を判断の基準とする平成2年9

月19日の東京地裁の判決を是認しています。

　実体の判断には見解の相違も多々生じている事実はありますが、節税目的では、事実認定の段階で決着を見ることになるでしょう。

参考法令等

- 措法第66条の6
- 措令第39条の14（特定外国子会社等の範囲）、同15（特定外国子会社等の適用対象金額の計算）、同16（内国法人に係る特定外国子会社等の課税対象金額の計算等）、同17（特定外国子会社等の事業の判定等）、同17の2（特定外国子会社等の部分適用対象金額の計算等）、同20（外国関係会社の判定等）
- 措則第22条の11（内国法人に係る特定外国子会社等の課税対象金額等の益金算入の場合の添付書類等）
- 措通66の6―9（適用対象金額の計算）
- 平成4年7月17日最高裁判決
- 平成3年5月27日東京高裁判決
- 平成2年9月19日東京地裁判決
- 平成24年1月25日審判所裁決

利益調整（海外子会社）

Q63 低税率国にある海外子会社を使って、利息等の免除または利率の引下げにより企業グループ全体の税負担を軽減

　低税率国の海外子会社に対して親会社である当社が資金を貸し付けています。また、グループ内の他国にある会社にまた貸しして利息を稼ぎ当社に配当で還流させています。今般、為替の変動が大きいことから、当初、当社の調達金利から算出した3％の利率を1％に下げ、企業全体の税負担を軽減しようと考えていますが大丈夫でしょうか。

A　貴社が調達金利から算出した利率3％で貸し付けていたものを為替の変動を理由に3％から1％に下げるのであれば、差額である2％相当額の当該利率により算出される額が移転価格税制における独立企業間価格に満たないとして課税されます。
　また、明らかに子会社支援等であれば、見合う利息収入について損金に算入できない寄附金として全額課税されることになります。

解　説

　租税特別措置法第66条の6の内国法人に係る特定外国子会社等の課税対象金額の益金算入規定が適用されない海外子会社であっても、租税特別措置法第66条の4に規定されている国外関連者との取引に係る課税の特例により独立企業間価格に満たない利息収入相当額が課税対象となりますので、グループ全体での税負担の軽減はできません。利率を下げるよりも、今まで通り、法人税法第23条の2の規定による外国子会社から受ける配当等の益金不算入の適用を受けていたほうがベターではないでしょ

か。

> **参考法令等**

●措法第66条の4、第66条の6
●法法第23条の2（外国子会社から受ける配当等の益金不算入）
●措令第39条の12（国外関連者との取引に係る課税の特例）、第39条の14、第39条の15、第39条の16、第39条の17、第39条の17の2、第39条の20
●措則第22条の10（国外関連者との取引に係る課税の特例）、第22条の11

利益調整（海外子会社）

Q64 海外子会社の特許権等の取得とロイヤリティ所得の帰属

海外子会社に新規に無形固定資産（特許権等）を取得させ、日本の親会社等に使用許諾することにより、ロイヤリティ所得を帰属させ、グループ全体の税負担が軽減できると聞いています。問題ありませんか。

A　子会社が特許権等をどのように取得したのかは不明ですが、親会社が出資した資金で第三者から取得したとの前提で回答しますと、海外子会社はロイヤリティ収入について課税されます。課税された残りを配当として親会社に分配すれば日本の親会社は95％が課税されません。海外における子会社での税率と国内の税率を比較すると日本の実効法人税率が高いので一見有利に思えますが、配当の際源泉税が課税されたりすると、外国税額控除の対象にならず、当該源泉税は損金にもならないことから、必ずしもグループ全体で納付税額が安くなるとは限りません。

　また、ロイヤリティの料率について、使用許諾先が親会社ほかグループ各社であれば移転価格税制からのチェックが入ります。

解　説

　海外子会社の所在地国が低税率国であれば、その実体に応じて、特定外国子会社の留保金課税の問題が生じます。低税率国でなければ、ロイヤリティの料率について、移転価格税制の縛りがあります。また、ロイヤリティに関連することですが、特許等の無形固定資産を親会社が譲渡したのであれば、無形資産に係る移転価格ルールについては、日本国も加盟するOECD租税委員会が「税源浸食と利益移転」（略称　BEPS：Base Erosion and Profit Shifting）において有効に対処するためのプロジェクトを立ち上げ、2014年9月16日にはBEPSプロジェクトの報告書が公表され、2015年9月ごろに、「特許権等の無形固定資産の価格付が困難な無形資産の移転に関するルール作りを行うこと」が示されており、今後国内法の整備とともに、無形固定資産を利用した安易な税負担の軽減を図ろうとする節税策は、その苦労の割にはメリットがなくなります。

> 参考法令等

- 法法第23条の2、第39条の2（外国子会社から受ける配当等に係る外国源泉税等の損金不算入）
- 法令第22条の4（外国子会社の要件等）、第78条の2（損金の額に算入されない外国源泉税等）
- 法則第8条の5（外国子会社から受ける配当等の益金不算入に関する書類）
- 措法第66条の6、第66条の8、第66条の9の2（特殊関係株主等である内国法人に係る特定外国法人の課税対象金額等の益金算入）
- 措令第39条の14、第39条の15、第39条の16、第39条の17、第39条の17の2
- 措則第22条の11

租税回避（海外）

Q65 海外に資産を移転しての課税回避

　日本の税務執行権は外国には及ばないから、仮に日本で申告または納税すべき義務があったとしても、外国滞在中は税務調査を受けたり、納税の義務を履行させられるようなことはないと聞きましたので、資金を現金などで日本からすべて持ち出し、アメリカの銀行に預金することで、もろもろの課税が逃れられると思いますが大丈夫でしょうか。

A　平成25年10月1日に多国間の枠組みとして税務行政執行共助条約が日本においても発効しています。アメリカも同条約に署名しており、仮に日本の脱税者や滞納者がアメリカに財産を有し滞在していれば、脱税・滞納した租税の徴収を日本の税務当局からアメリカの税務当局に依頼することができるようになっています。

　また、脱税や租税回避行為を防止するため、同条約や二国間租税条約を通じ多国間で租税に関する情報交換ができるようになっていますので、課税のネットワークは世界中に広がっていると理解すべきです。

解　説

　これまで二国間租税条約の情報交換規定に基づいて課税情報の交換は行われていましたが、外国において日本の租税債権の徴収を行うことは行われていませんでした。しかし、近年、国際的な脱税及び租税回避行為に対する取組みが重要な課題となっていることを踏まえて（財務省平成24年3月税制改正解説672ページ）、日本も平成23年11月3日多国間条約である税務行政執行共助条約（※）に調印、平成25年10月1日に発効したこと

から、海外資産についても徴収権を行使することができるようになりました。

　※正式な条約名称は「租税に関する相互行政支援に関する条約」平成25年条約第4号第5号及び外務省告示第232号）

　本条約の目的は、多国間で「租税に関する事項について相互に行政支援を行う」ことにあり、行政支援は次のものから成ります（「租税に関する相互行政支援に関する条約」第1条）。

　　a　情報の交換（同時税務調査及び海外における租税に関する調査への参加を含む）
　　b　徴収における支援（保全の措置を含む）
　　c　文書の送達

　この条約の調印を受けて、国内では平成24年度税制改正で徴収の共助と送達共助に関して租税条約等実施特例法等の規定が整備され（財務省平成24年3月税制改正解説509ページ）、具体的な手続き等が定められて条約の規定を実行する体制が整いました。この国内法の改正は、平成25年7月1日から施行され（改正法附則1六ハ）（同上解説555及び558ページ）、国際的な租税の徴収への取組みが開始されました。

　本条約が適用される税目は、①所得税、法人税、復興特別所得税、復興特別法人税、②相続税、贈与税、③地価税、④消費税、⑤酒税、たばこ税、たばこ特別税、揮発油税、地方揮発油税、石油ガス税、航空機燃料税、石油石炭税、⑥自動車重量税、⑦登録免許税、電源開発促進税、印紙税、地方法人特別税で、徴収共助が実施されるのは、このうち、所得税、法人税、復興特別所得税、復興特別法人税、相続税、贈与税、消費税です。

　したがって、現状では仮に国内資産をすべて持ち出し長期にわたって海

外に滞在しても上記税目に関しては本条約に基づく政府間の共助により、日本の納税義務の履行を求められる可能性があります。

*　　　　　*

　多国間の税務行政執行共助条約締約国は平成27年2月1日現在、45か国となっており、主要な国としては、アメリカ、カナダ、イギリス、スエーデン、ルクセンブルク、イタリア、アイルランド、フランス、オランダ、デンマーク、ベルギー、アイスランド、インド、オーストラリア、ニュージーランド、メキシコ、アルゼンチン、韓国などが挙げられます。また、租税に関する情報交換を主たる内容とする条約、いわゆる情報交換協定としては、英国領バージン諸島、ガーンジー、マン島、リヒテンシュタイン、ケイマン諸島、バハマ、バミューダ、マカオ、サモアの10条約が締結され、情報交換が可能となっています。従来からの2国間租税条約もアメリカ、カナダ、イギリス、スイス、ドイツ、ポルトガル、ロシア、トルコ、イスラエル、クエート、ブラジル、タイ、中国、シンガポール、香港、マレーシア、ベトナム、フィリピン、インドネシア、ブルネイ等との間に53条約あり、ほとんどの条約に一定の税目に関する情報交換規定があります。

　平成25事務年度にこれらの情報交換のネットワークを利用して、国税庁から外国税務当局に発した「要請に基づく情報交換」の件数は720件、過去、平成21年度366件、平成22年度767件、平成23年度934件、平成24年度535件と増加傾向にあることが公表されています。

　これらの情報交換により得た外国にある預金口座により、国内で相続税が課税された事例も公表されています（以上「国税庁平成26年11月　平成25事務年度における租税条約等に基づく情報交換事績の概要」より抜粋）。

　調査の面では、日本とアメリカは、平成24年7月2日、日米租税条約の情報交換規定に関し、「同時査察調査実施取決め」に合意しました。こ

れにより、日米両国において、関連する納税者等にそれぞれ犯則嫌疑がある場合に、両国の査察部門が並行して査察調査を行い、直接協議等を行うことが可能となったため、より効果的な調査展開が図られることになりました（国税庁 HP より）。

　また、租税条約等に基づく情報交換では、国税庁や国税局・税務署の職員が相手当局の担当者と直接面談し、事案の詳細や解明すべきポイント等について説明・意見交換を行う「情報交換ミーティング」も実施され、さらに、日、米、英、独、仏、加、豪、中、韓の 9 か国の税務当局が参加する「国際タックスシェルター情報センター（JITSIC）」においては、複雑な国際的租税回避スキームや富裕層が行う海外資産運用に係る情報の交換等が行われています（「国税庁平成 26 年 11 月 平成 25 事務年度における租税条約等に基づく情報交換事績の概要」より）。

　このように租税債権の徴収だけでなく、課税のための調査の面においても国際的な共助のネットワークが形成されつつあり、今後多国間の税務行政執行共助条約等による情報交換・共助のネットワークはさらに拡大・充実していくと予想されることから、海外に資産を移転すれば課税逃れができるとの考えは持つべきではありません。

　また、平成 27 年度税制改正大綱においても、預金または貯金の受入れを内容とする契約取引について「非居住者に係る金融口座情報の自動的交換のための報告制度の整備」が図られることとされ、平成 29 年 1 月 1 日以後の取引から適用される方向です。

参考法令等
- 財務省「平成 24 年 3 月税制改正解説」
- 財務省「税務行政執行共助条約のポイント」
- 国税庁平成 26 年 11 月「平成 25 事務年度における租税条約等に基づく

情報交換事績の概要」
●外務省「租税に関する相互行政支援に関する条約及び租税に関する相互行政支援に関する条約を改正する議定書の説明書」
●外務省「租税に関する相互行政支援に関する条約及び租税に関する相互行政支援に関する条約を改正する議定書」
●租税条約等の実施に伴う所得税法、法人税法及び地方税法の特例等に関する法律

損金計上（繰越欠損金）

Q66 親会社の繰越欠損金を利用して税負担を軽減

　収益が相当増加しても税負担が生じないほど多額の繰越欠損金がありますので、海外子会社への出資金を貸付金に変えて、海外子会社から利子の支払いを受けようと思います。外国子会社配当益金不算入制度もあり、配当であっても親会社ではほとんど税負担は生じませんが、配当では子会社の損金になりません。そこで、子会社から利子を受け取ることにすれば、繰越欠損金を控除することによって親会社には新たな税負担は発生せず、しかも、海外子会社でも支払利子の損金算入効果で税負担が減少しますので、企業グループ全体の税負担を軽減できると考えますが、大丈夫でしょうか。
　なお、親会社である弊社は資本金2億円で青色申告法人です。

A　確かに出資を貸付金に変えれば海外子会社の税負担を軽減することができるかも知れません。ただし、親会社からの借入金を多くし出資金を抑えることによって子会社の支払利子を増加させる結果利益を圧縮することになりますから、このような支払利子の損金算入には制限をかける国・地域があります。つまり、子会社所在地国における過少資本税制や過大支払利子税制に基づく課税（損金算入の制限）の可能性に注意する必要があります。
　また、親会社は多額の繰越欠損金を抱えていても単年度の所得計算で利益が出ている場合は繰越欠損金の損金算入が一部制限されることがあり、この場合は利子の受取りによって増加した利益に対して一定程度親会社に税負担が生じることになり、予期したとおりの節税効果が得られないことがあります。

> **解説**

　海外子会社への出資を貸付金に変えれば、子会社から親会社への支払利子は増加しますので子会社の課税利益は減少し、一方で、その利子を受け取る親会社に多額の繰越欠損金があれば、所得金額から控除することにより課税を免れますから、企業グループ全体として税負担の軽減を図る効果的な仕組みのように思われます。

　この場合注意が必要なのは、海外子会社の所在地国における過少資本税制や過大支払利子税制の有無と、日本における欠損金の繰越控除額の制限です。

　過少資本税制の下では、資本と親会社からの借入金とのバランスによっては支払利子の損金算入に制限がかけられる可能性があります。平成4年に導入された日本における過少資本税制を例に要点を挙げると、親会社の資本持分の3倍を超える親会社からの借入金に対応する支払利子が損金不算入となりますが、この比率やどのような状況で本税制が発動されるかは国によって異なりますので、子会社所在地国のルールを確認しておく必要があります。

　過大支払利子税制は、所得金額に比べて親会社への支払利子が過大と認められる場合に損金算入が制限される制度です。日本では平成24年度税制改正により導入され、その要点は、（調整）所得金額の50％を超える親会社への（純）支払利子が損金不算入とされるというものです。

　なお、お尋ねのケースでは海外子会社と親会社との取引でしたので税制概要の説明でも取引の相手方を親会社と表現しましたが、上記日本における税制では「国外支配株主等」及び「関連者等」との取引が対象となります。

　　　　　　　　　　　＊　　　　　　　　＊

　最後に、日本における親会社の繰越欠損金の控除制限ですが、平成24

年4月1日以後開始する事業年度から、中小法人等を除いて繰越欠損金の控除額は各事業年度の所得金額、つまり繰越欠損金の控除前の所得金額の80％に相当する金額に制限されています。さらにこの制限は、いわゆる「成長志向に重点をおいた法人税改革」の中で法人税率引下げの財源の一つとされ、平成27年度に65％、平成29年度に50％へと制限が強化される方向（平成27年度大綱）ですから、お尋ねのようなスキームでは期待したほど節税効果が得られない可能性があります。

参考法令等
- 措法第66条の5、第66条の5の2
- 法法第57条（青色申告書を提出した事業年度の欠損金の繰越し）
- 平成27年1月14日閣議決定 平成27年度税制改正大綱

繰延資産償却

Q67 フランチャイズ契約の加盟一時金

当社は経営の多角化を図るため、ファーストフード店のフランチャイズ・システムに加盟することにしました。この加盟契約に基づき、フランチャイザーである本部に対して加盟一時金600万円を契約時に支払いました。この600万円は繰延資産になると聞きましたが、何年で償却すればよいか教えて下さい。

なお、この加盟によるフランチャイザーとの契約期間は10年で、自動更新条項があります。その間、
・ファーストフード店経営に関する指導、助言
・フランチャイズ店のテレビコマーシャルのオンエア
・原材料等の安定的供給
などの役務提供を受けることができます。

この加盟金は返還はされません。

お尋ねの加盟金600万円は繰延資産に該当します。その償却期間は5年になります。

解説

法人税法施行令第14条第1項第6号ハの「役務の提供を受けるために支出する権利金その他の費用」で、支出の効果が1年以上に及ぶものと認められますので繰延資産に該当します。法人税法施行令第64条第1項第2号では前記施行令第14条第1項第6号の繰延資産は「その繰延資産となる費用の支出の効果の及ぶ期間の月数で除して計算した金額に当該事業年度の月数を乗じて計算した金額」が償却限度額とされています。

自動更新条項などから考えるとその効果が及ぶ期間ははっきりとしませんが、国税庁の質疑応答事例では「ホテルチェーンに加盟するに当たり支出する加盟一時金」の回答要旨では、フランチャイズ・システムの加盟一時金は償却期間を5年として取り扱う旨回答が出ています。本件の内容も同様な加盟金ですので5年が適用できるものと考えます。

> **参考法令等**
> ●法法第2条第24号
> ●法令第14条第1項第6号、第64条（繰延資産の償却限度額）第1項第2号
> ●法基通8―2―1（効果の及ぶ期間の測定）、8―2―3
> ●国税庁HP：質疑応答事例「ホテルチェーンに加盟するに当たり支出する加盟一時金」

費用計上（未払い）

Q68 損害保険料の未払計上

短期の損害保険契約について10回払いで支払う契約を締結しました。保険料は1年分で100万円ですが、期末までに支払った金額は20万円でした。契約と同時に100万円の保険料を費用計上し、80万円を未払いに計上していますが問題はありますか。

A 短期前払費用は、当該事業年度に支出した費用のうちまだ役務等の提供を受けていない部分について損金計上を認めるものですので、未払金で計上している以上支出の事実がありませんので、お尋ねの80万円については費用計上が認められません。

解説

費用計上が認められる短期の前払費用は法人税基本通達2—2—14に「その支払った日から1年以内に提供を受ける役務に係るもの」に限定されています。

費用計上が認められるには、

① 一定の契約に従って継続的にその期間中に等質、等量のサービス提供を受けるもの。
② 役務提供の対価である。
③ 翌期以降に時の経過に応じて費用化されるもの。
④ 現実にその対価を支払っている（手形支払いも含む）。
⑤ 支払日から1年以内に提供を受ける役務に係るもの。
⑥ 支払った金額に相当する金額を継続してその支払った日の属する事

業年度の損金の額に算入している。

これらの条件に合致しても支出がない以上、前払費用とはいえませんので*Answer*の回答になります。

参考法令等

●法基通2—2—12、2—2—14
●国税庁HP：質疑応答事例「短期の損害保険契約に係る保険料を分割で支払った場合の税務上の取扱い」

利益調整（海外子会社）

Q69 海外子会社に可能な限り機能及びリスクを移転

　海外子会社に可能な限り機能及びリスクを移転して、日本の親会社の機能・リスクを小さくし、親会社は、例えば、いわゆる問屋・コミッショネア活動を行うことにすれば、日本の親会社の利益を縮小でき、また、この子会社に帰属させた利益を配当として取り込むことによって、日本の親会社の税負担を大幅に軽減できると聞きましたが大丈夫でしょうか。

A　機能・リスク移転の事実認定によっては、また、移転の事実がある場合にも当該移転自体に対する移転価格税制または寄附金規定に基づく課税を受ける可能性があります。さらに、日本の親会社がコミッショネア活動を行う場合、当該親会社は機能・リスクを移転させた海外子会社の日本におけるPE（恒久的施設）であるとの認定を受ける可能性やコミッショネアとしての役務提供の対価の額の妥当性が問題とされる可能性もあります。

解説

　グループ全体で税負担の最小化を目指すのは、営利企業として当然のことでしょう。日本の親会社の税負担が軽くなればグループ全体の税負担が軽減されることにもつながりますから、この意味で親会社の税負担軽減を図ろうとする姿勢については理解できます。

　そこで、一般的な対策として、海外子会社が日本に比べて税率の低い国・地域に所在するなら、そこに利益を集積して税率差に応じた税負担の軽減を実現し、同時に外国子会社配当益金不算入制度の恩恵を受ける日本

の親会社へ配当すれば、親会社としては従前と同水準の手元資金を確保しつつ、グループ全体として税負担の軽減を享受できることは容易に想像できます。

　利益は果たした機能や負担したリスクに応じて帰属すべきとするのが一般的ですから、利益を子会社へ集積するためには集積しようとする子会社へ機能・リスクを移転集中させることが必要であり、その度合いが大きいほど利益の集積も大きくなります。

　しかし、ここで注意を要するのは、機能・リスクの移転自体に対する移転価格税制または寄附金規定の適用による課税リスクです。具体的には、機能・リスクの移転に伴い利益の源泉と考えられる価値ある有形・無形の資産が海外子会社に移転する場合で、独立企業間価格による対価の支払いがなされていない場合には、独立企業間価格で行われたとみなして課税する移転価格税制、あるいは、海外子会社への援助と認められる場合に発動される寄附金規定の適用対象になり得るということです。

　さらに、機能・リスク移転後に想定される税務上の問題として、親会社のコミッショネアとしての役務提供に対する対価の妥当性の問題に加え、外国法人の日本におけるPE、いわゆる恒久的施設への課税問題があります。お尋ねのケースでは代理人PE、つまり、海外子会社の問屋・コミッショネアとして活動している日本の親会社が法人税法第141条第3号の「代理人等」と認定されると、親会社が自身の所得として問屋・コミッショネア手数料に課税されるほか、海外子会社もその代理人PEに帰属する事業所得等に対して日本において課税されることとなり、当然、想定以上の税負担が生じることになります。ざっくり表現すれば、税務上、海外子会社自身が日本において支店等を通じて事業展開している場合と同じ扱いを受ける可能性があるということです。

　なお、海外子会社所在地国との間に租税条約がある場合は代理人PEに

該当するかどうかの判断は当該租税条約の規定に拘束されますが、平成20年度税制改正において、代理人PEに関する国内法の規定（法令186）も多くの条約が準拠しているOECDモデル租税条約のグローバルスタンダードに合わせて、「その者が、その事業に係る業務を、当該各号に規定する外国法人に対し独立して行い、かつ、通常の方法により行う場合における当該者を除く。」と改訂され、いわゆる「独立代理人」は代理人PEから除かれました。独立の地位を有するかどうかについては、「法的独立性」「経済的独立性」「通常業務性」が重要な指標となります（財務省平成20年度税制改正解説505ページ参照）。

　グループ全体として税負担の軽減を図ろうとすることについては十分理解できますが、海外子会社への機能・リスクの移転に当たっては上記のような課税リスクがあることを念頭に置きつつ、細心の注意を払って実行する必要があります。

＊　　　　＊

〈平成20年10月30日東京高裁平成20年（行コ）第20【アドビ事件】〉

　本件は、税務署長による更正処分が取り消された事件ですが、事業再編後の取引に対し移転価格税制が適用された事件であり、機能・リスクの移転自体に対する移転価格税制の適用や代理人PEへの該当性に関する議論や判示はなされていません。

参考法令等

- 法法第141条（外国法人に係る各事業年度の所得に対する法人税の課税標準）
- 法令第186条（外国法人の置く代理人等）

※平成26年度税制改正により、外国法人に対する課税原則がいわゆる「総合主義」から「帰属主義」に変更され、平成28年4月1日以後開始する事業年度分の法人税について適用されます。

〈問屋関係法令〉
●商法第 551 条〜第 558 条
●民法第 99 条（代理）他、第 643 条（委任）他

損金算入（役員報酬）

Q70 株主総会決議の限度額を超えない役員報酬

　当社は3月決算のIT企業ですが、4年前の定時株主総会で役員報酬総額を1億円以内とし、その各人別内訳は取締役会に一任する旨決議しました。

　この決議に基づいて取締役会では、代表取締役は年額3,000万円以内、専務取締役は年額1,800万円以内、常務取締役は年額1,500万円以内、取締役は年1,200万円以内と定めました。

　専務取締役及び常務取締役は空席で、前期までは、代表取締役A、取締役B、C及びDの計4名の役員に対して、取締役会決議の年額を12で除して月額報酬とし支給してきましたが、好業績が続くと見込まれたことから、当期株主総会終了の翌月6月から、Aに対しては月300万円を、取締役3名に対しては月120万円を支給しました。

　この支給は実力社長Aの一存で決定し、特に取締役会で改訂の決議をしていませんが、総額では4年前の株主総会決議で定めた役員報酬総額1億円を超えていないので損金算入を認められると思います。大丈夫でしょうか。

　A：4～5月・月250万円、6～3月・月300万円、年3,500万円
　B、C及びD
　　4～5月・月100万円、6～3月・月120万円、年1,400万円
　　　　　　　　　　　　　　　　　　　　3名分：年4,200万円
　　　　　　　　　　　　　　　　　　　全役員分：年7,700万円

　　今期支給額の一部は過大役員給与として、税務上損金の額に算入されません。

解説

　法人税法上、役員報酬は、定期同額給与、事前確定届出給与、利益連動給与に該当すれば損金に算入されますが、これらに該当しても不相当に高額な部分は、過大役員給与として損金の額に算入されません（法法34①、②）。

　お尋ねのケースでは、4年前の取締役会で決議した各人別の上限を超えることとなったとはいえ株主総会で決議した上限は超えていませんので、不相当に高額な部分はないように思われますが、税務上、定款の規定または株主総会等やこれに準ずるものの決議で役員に対する給与として支給することができる金銭の額の限度額を定めている場合には、これを超える額は不相当に高額な部分とされています（法令70一）。御社の場合、株主総会では各人別の限度額を決議していませんから総額で判断されるように思われるかも知れませんが、各人別支給限度額に関して取締役会は株主総会の一任を受けて決議していますので、この取締役会決議による各人別限度額の定めは「株主総会、社員総会若しくはこれらに準ずるものの決議」にあたり（法令70一ロ）、取締役会で定めた各人別限度額によって不相当に高額な部分、つまり、過大役員給与の額が判断されます。

　したがって、お尋ねのケースでは、代表取締役Aについては、3,500万円－3,000万円＝500万円、取締役3名については、一人当たり1,400万円－1,200万円＝200万円、3名分200万円×3＝600万円、合計1,100万円が過大役員給与となります。

　なお、税務上、過大役員給与の判断については上記のような形式基準だけではなく、その役員の職務の内容、その会社の収益及びその使用人に対する給与の支給の状況、その会社と同種の事業を営む法人でその事業規模が類似するものの役員に対する給与の支給の状況等に照らして相当と認められる額を判断する、いわゆる実質基準もあり、いずれにも該当する場合

はいずれか多いほうの金額が過大役員給与とされます（法令70一）。

　　　　　　　　　＊　　　　　　　　　＊

【取締役会または代表取締役への一任】

　法人税法は「定款の規定又は株主総会、社員総会若しくはこれらに準ずるものの決議により」（法令70一）と、株主総会の決議だけでなく株主総会に「準ずるものの決議」による定めも形式基準としています。したがって、税務上は株主総会の委任を受けた取締役会または代表取締役が定めた各人別の支給限度額も形式基準となります。

　一方、会社法上、取締役の報酬は会社法第361条により「定款に当該事項を定めていないときは、株主総会の決議によって定める。」とされ、定款に定めがないときは株主総会で決議すべき事項とされていますから、各人別支給限度額とはいえ取締役会または代表取締役へ一任できるのか、あるいはこの委任を受けた取締役会決議が有効なのか、気にかかるところですが、旧商法の取締役報酬規定（第269条または265条、会社法第361条と同旨）に関し、次のような判例があり一任することができると解されています。

〈昭和60年3月26日最高裁第三小法廷昭和59年(オ)1100〉

「(1)　商法269条の規定の趣旨は取締役の報酬額について取締役ないし取締役会によるいわゆるお手盛りの弊害を防止する点にあるから、株主総会の決議で取締役全員の報酬の総額を定め、その具体的な配分は取締役会の決定に委ねることができ、株主総会の決議で各取締役の報酬額を個別に定めることまでは必要ではなく、この理は、使用人兼務取締役が取締役として受ける報酬額の決定についても、少なくとも被上告会社のように使用人として受ける給与の体系が明確に確立されており、かつ、使用人として受ける給与がそれによつて支給されている限り、同様であるということができる。

(2) 右のように使用人として受ける給与の体系が明確に確立されている場合においては、使用人兼務取締役について、別に使用人として給与を受けることを予定しつつ、取締役として受ける報酬額のみを株主総会で決議することとしても、取締役としての実質的な意味における報酬が過多でないかどうかについて株主総会がその監視機能を十分に果たせなくなるとは考えられないから、右のような内容の本件株主総会決議が商法269条の脱法行為にあたるとはいえない。」

〈昭和31年10月5日最高裁第二小法廷昭和30年(オ)177〉

「第一、原判決の認定するところによれば、上告会社の臨時株主総会は、同会社の第58期（昭和27年1月1日から同年6月30日まで）における同会社の取締役及び監査役の受くべき報酬総額を金40万円と決定し、各取締役及び監査役に対する右報酬金の支払並びに分配方法を取締役会の決議に一任したので、昭和27年2月7日取締役会は右株主総会の決議に基き前記報酬金40万円の配分について結局26万7,000円を社長及び専務取締役の第58期報酬に当てることとし、右両名の間における報酬の配分並びに支払方法を社長たる被上告人に一任する旨の決議をしたというのであつて、所論のように、被上告人が右報酬の配分を決定するにつき専務取締役たるDと協議することを要するとか、協議の調わなかつた場合には更に取締役会の承認を受けることを要するというがごときことは、原判決の認定しないところである。されば、被上告人が当時、原判決認定のごとき事情によつて専務取締役たるDの同意を得ることは期待することができなかつたので、その一存をもつて原判示のように自己の受くべき報酬額を決定したからといつて、右取締役会の決議の本旨に反するものでないことは勿論であり、また前述のとおり、<u>取締役会の決議によつて社長に一任された社長、専務取締役に対する報酬の配分を社長が決議の趣旨に従つて決定したに過ぎないのであるから、何ら、商</u>

法265条に触れるところはないのである。

　第二、前述のごとく、取締役会の決議に従い、社長が正当に一営業期間内自己の受くべき報酬額を決定した後においては、社長の同意がないかぎり、取締役会といえども、右報酬額を変更することはできないものとした原判決の判断は正当である。」

＊　　　　　　　　＊

　なお、お尋ねのケースで、株主総会あるいは取締役会が代表取締役に一任する旨決議していたのであれば、代表取締役による決定も形式基準として認められたと考えられますが、代表取締役への一任決議は無いとの前提に立てばお尋ねの代表取締役による支給額の決定は形式基準とはなりません。

　また、お尋ねのケースは株主総会で定めた支給総額限度内ではあるものの、株主総会の一任を受けて取締役会で定めた各人別支給限度額を超える場合の取扱いでしたが、逆に取締役会で定めた限度内ではあるものの、株主総会で定めた総額を超える場合について、取締役会で定めた限度額を基準とすることはできないとした裁決事例があります。

〈平成20年3月4日国税不服審判所裁決〉（TAINSより引用 TAINSコード：F0—2—327)〉

—取締役会において役員ごとに定められた役員報酬の支給限度額の総額が、株主総会の決議で定められた役員報酬の総額を上回っている場合には、支給限度額が総額で定められている場合として判定することとなり、取締役会決議額を形式基準限度額とすることはできないとされた事例

「商法第269条により株主総会の決議によって取締役の報酬の総額を定めた場合には、その報酬の総額の範囲内で、具体的な配分を取締役会に一

任することもできるものと解されるが、取締役会は、株主総会の決議で定められた役員報酬の総額を上回る報酬の総額を定めることはできないのであるから、取締役会において役員ごとに定められた役員報酬の支給限度額の総額が上回っている場合には、上記②の役員ごとに定めている場合には当たらず、上記①の支給限度額が総額で定められている場合として判定することが相当である」（筆者注：上記①、②については下掲質疑応答事例で示された①、②と同旨）

〈国税庁質疑応答事例「過大役員給与の判定基準」〉

創立総会においては支給額の総枠を定め、各人ごとの支給限度額の決定を役員会に一任したのですから、創立総会において各人ごとの支給限度額を定めたものと解されますので、役員会決定による各人ごとの支給限度額を基準として②（役員会決定の1,200万円（月額100万円）を基準として、個別で判定する）により判定することになります（152ページ**関連トピック**参照）。

> 参考法令等
> ●法法第34条
> ●法令第70条第1号
> ●会社法第361条（取締役の報酬等）
> ●旧商法第269条または265条

【執筆】

安藤　孝夫
　　1993年～2005年　東京国税局調査部（主査・総括主査）
　　2006年～2011年　西新井・芝・豊島特別国税調査官（法人調査担当）
　　2012年7月退職　同年8月税理士登録

野田　扇三郎
　　1989年～1996年　東京国税局調査部（主査・国際専門官・調査総括課課長補佐）
　　2002年　税務大学校研究部教授
　　2004年　東京国税局調査第一部・特別国税調査官
　　2005年　東京国税局調査第二部・統括国税調査官
　　2006年　東京国税局調査第二部調査総括課長
　　2007年　葛飾税務署長
　　2009年7月退職　同年8月税理士登録

山内　利文
　　1989年～2005年　東京国税局調査部（主査・総括主査）芝・麹町税務署
　　2006年～2009年　芝・船橋・足立特別国税調査官（法人調査担当）
　　2009年7月退職　同年8月税理士登録

社長！その税務対策は大丈夫ですか？
－節税は当然 行過ぎは危険！ アクセル全開は 知らずスピード違反に

2015年3月13日　発行

| 著　者 | 安藤　孝夫・野田　扇三郎・山内　利文 ⓒ |

発行者　小泉　定裕

発行所　株式会社 清文社

東京都千代田区内神田1-6-6（MIFビル）
〒101-0047　電話03（6273）7946　FAX03（3518）0299
大阪市北区天神橋2丁目北2-6（大和南森町ビル）
〒530-0041　電話06（6135）4050　FAX06（6135）4059
URL http://www.skattsei.co.jp/

印刷：奥村印刷㈱

■著作権法により無断複写複製は禁止されています。落丁本・乱丁本はお取り替えします。
■本書の内容に関するお問い合わせは編集部までFAX（03-3518-8864）でお願いします。

ISBN978-4-433-53434-9